100万円から始めて1億円を稼ぐ！

UNERI CHART

うねりチャート底値買い投資術

上岡正明

MASAAKI KAMIOKA

ダイヤモンド社

はじめに

「株で毎月10万円のおこづかいを稼ぐ」
「将来は、株の配当金で暮らしたい」
「投資家として成功すれば、嫌な上司に頭を下げずにすむ」
「好きな場所で悠々自適な生活を送れる」

そんな夢や希望をもって株をはじめる人がほとんどです。私も最初はそうでした。しかし、現実はとてもきびしいです。

「1億円の資産を株でつくろう!」

そう決意して、私が株をはじめたのが２００４年。29歳のときでした。
そして、まがりなりにも10年以上、株取引に関わり、なんとか億を超える資産をつくりだしてわかったことがあります。

それは、株で勝つためには、なんら難しいテクニックなど必要なかった、ということです。

ただ、そこに至るまでには、読者の皆さんと同じように、考えられないような遠回りをしたり、今では絶対に参加しないような投資セミナーに大金を払ったりしてきました。信用取引に手を出して追証《おいしょう》寸前に追い込まれて不眠症になったり、リーマンショックという地獄を味わったりもしてきました。

私が株をはじめた当時は、小泉純一郎政権が主導して、郵政民営化などの経済施策を次々と打ち出していた頃でした。

株は2004年あたりから、ずっと右肩上がりで推移。

ニュースは連日、日本株や、はじまったばかりの中国株の沸騰を取り上げていました。書店に行けば、あらゆるところに株の本が置かれています。昼時ともなれば、黒っぽい背広を着たサラリーマンたちで、多くの人だかりができています。

当時、私は会社を立ち上げたばかりでした。

仕事はろくにありません。しかし、時間だけはあり余っていました。将来の不安も、それなりにあります。

もしかしたら、経営と二足のわらじで、一攫千金を狙えるかもしれない。これだけ株が上昇を続けているなら、早くはじめないと、もったいない。

今思えば、その頃は日本政府も一緒になって、「これからは投資の時代だ」というスローガンとともに、欧米のように、一般のサラリーマンや主婦が積極的に投資に参加することを後押ししていました。

「資金を眠らせておくなんてもったいない」
「株をしなければ損をしますよ」

そんな風潮が世間を覆っていたのです。

また、ロバート・キヨサキ氏の『金持ち父さん　貧乏父さん』が、大ベストセラーとなったのも、ちょうどこの頃だったと記憶しています。

キヨサキ氏のメッセージは強烈でした。

「サラリーマンは賃金を搾取されている。今のままでいいのか」

そう問いかける彼は、資金を銀行に預けておくだけなんてありえない、あなたの未来のため、あなたの代わりにお金を働かせなさい、と語りかけていました。

こうして、読者の皆さんと同じような動機で、私も一攫千金を夢見て、２００４年に元手２００万円で株をはじめたのです。

最初は、株の本を読み漁りました。

推奨されている銘柄は、全部ノートに書き写していきます。

大手銀行が主催するセミナーにも参加しました。

そして、いざ売買をはじめてみると、面白いぐらいうまくいきます。

少し下がった株を探して買っておけば、必ず数日から数週間後には利益になっています。調子に乗った私は、まさに無敗の将にでもなった気分でした。

連勝、連勝、また連勝と、運用資金はみるみる増えていきました。

気づいたときには、１０００万円ぐらいにはなっていたと思います。

「なんだ、株ってカンタンじゃん」

そう。そのとき、私は完全に天狗《てんぐ》になりました。

もっとも、市場全体が右肩上がりなわけです。下がっている銘柄を探すほうが難しいぐらいなのですから、たいした技術や経験がなくても、正直誰でも勝てました。

それを、**自分の実力で勝っていると、完全に勘違いしていたのです。株の初級者がもっとも陥りやすい、最初の失敗パターンです。**

あなたは、本当の実力で勝っていますか？

本書で詳しく紹介しますが、株で勝ち続けるのは、そんなに難しいことではありません。

ただ、そのためにはひとつだけ、知っておかなければならない大切なルールがあります。

「タイミング5割、技術3割、銘柄選びは2割だけ」

これが、私が提唱する株で勝つための絶対ルールです。

このコツをつかめるようになってから、私にとって株は難しいものではなくなりました。

子供のころにハマった、ゲームと同じです。

「スーパーマリオブラザーズ」というゲームをご存じでしょうか。子供にとっては難易度が高く、プレイヤー泣かせのゲームでした。プレイを続けていると、どうしても前に進めないステージが出てきます。

しかし、同じ難関を繰り返しプレイしていると、あるとき、ふとクリアできる瞬間が訪れます。不思議なことに、それ以降、何度やっても、同じステージではほとんどつまずかなくなります。

敵の攻撃や障害物をジャンプして避けるタイミングがわかったからです。体が覚えたから、ともいえるでしょう。

このように、やり方がわからないうちは難攻不落に感じてしまうことも、一度コツをつかんでしまうと、本当に目をつぶっていてもできるようになります。

結局、私はこの絶対ルールの存在に気づくまで、大きく資産を増減させることになります。株をはじめて3年で1000万円に増やし、その後、2008年のリーマンショックを境にどんどん減っていき、最後にはスタート時まで戻ってしまいました。

しかし、**どうして勝ち続けられないのか、自分ではわかりませんでした。**

おいおい、おかしいぞ。自分は勝てる投資家のはず。なのに、どうして勝てないんだ。打開策を探そうと、より高額なセミナーに参加したり、勝ち銘柄を教えてくれるブログに、どんどんはまったりしていきました。

つまり、勝てない投資家への道を、まっしぐらに突き進んでいくことになったのです（なぜ、こうしたパターンに陥ると、勝てない投資家になってしまうのかは、本編で詳しく解説しています）。

さらに、2011年3月の東日本大震災。そのとき、すでに証券会社から株の信用取引にも手を出していた私は、資金が底をつくばかりか、ついには破産寸前にまで追い込まれてしまいました。

こうなると、もはや仕事どころではなくなります。

毎日、トイレに携帯電話を持ち込み、液晶画面をにらみながら、上がれ、上がれと、願をかける日々でした。

証券会社のサイト画面には、「追加証拠金を入れてください」という赤い警告画面が出現します。

昼間には、証券会社から電話がかかってきます。「資金が不足しそうですが、追加の入金はいつできそうですか」そう女性の声で優しくたずねてきます。声はやわらかいのですが、それが毎日かかってくるわけですから、もうノイローゼ寸前です。


こうして、投資家として天国と地獄を味わったわけですが、なんとか市場からの退場だけは免れました。

正直、運が良かっただけだと思います。もし、もう少し資金を動かしていたり、リーマンショックの回復が遅れていたりしたら、自分はあのとき破産していたことでしょう。

そうしたら、もう株などやっていなかったと思います。また、株をやろうとする人がいたら、「そんなことはやめなさい。手堅く銀行に資金をあずけたほうがいいですよ」と、無難にアドバイスする側の人間になっていたと思います。

私はこの両極端の経験をつうじて、もう一度、みずからの株の売買手法を見直しました。失敗を振り返りながら、どうすれば株で安定的に勝つことができるのか、その方法を、自分の膨大な量の株取引の履歴から研究し続けました。

運命的なめぐり合わせで、名古屋に住む投資歴40年、運用資金は推定20億円という、本物のプロ相場師にお会いすることができました。

そうして、あれこれ試行錯誤する中で辿り着いたのが、今回紹介する**「うねりチャート底値買い投資術」**です。このやり方に転向してからは、また株でコンスタントに勝てるようになりました。

なぜ、資産をすべて失いかけ、ノイローゼ一歩手前で、仕事先のトイレで頭を抱えていた私が、わずか5年間で1億円の資産をつくることができたのでしょうか？

この本には、投資家として儲けるための技術、心得、銘柄の選び方、リスク管理法まで、私が学び実践してきたことを、ほぼすべて書きました。

株取引もスポーツもゲームも、上達のための本質は同じです。

大切なのはとにかく経験を積み、慣れること。それも、正しいやり方に、なるべく早く慣れることです。

あなたが、間違ったやり方を続けている限り、それは失敗の再現でしかありません。

本書が、皆さんの株取引の道標となることを、切に願ってやみません。

本書の利用方法について

今回、この本を執筆するにあたり、最初に決めたことがあります。

それは、本当に相場で勝つための技術や経験を伝えることを優先しよう、ということです。

そのため、私の主張に耳が痛くなる投資家の方もいらっしゃるかもしれません。ですが、どうか目を逸らさないでください。勝てる投資家になるためには、ぜったい避けては通れない道だからです。

また、本書はあらゆる成長ステージにいる方それぞれに、役立つ本として書いています。次のステップに上がった際に、もう一度読んでみると、また違った気づきもあるはずです。いくつか、以下に活用方法について記載しました。参考にしてみてください。

＊ビギナーの方

主にこれから株をはじめようとする方です。

本書を読めば、余計な遠回りをすることなく、株で勝つための技術や知識を、最短で得ることができます。また、セミナーや教材などに対する無駄な出費もふせげます。

ちなみに、私は最初の3年間を、投資の勉強に費やしました。使った金額も安くはないものです。しかし、それらの9割は、今ふりかえると、ほとんど役に立たないものばかりでした。

とくに、これから株をはじめようとしている方には、知識をたくわえるだけでなく、本書を通じて実践することの大切さを学んで欲しいと思います。

＊初・中級者

本書が目標としているのは、株の初級者が90日、目安として3ヶ月で、儲かる投資家に変貌を遂げることです。


センスがある方なら十分可能です。もちろん、株取引の技術は繰り返すことで上達します。そのための型《かた》、いわば勝つ投資家になるためのパターンを提供します。

理論だけの本は役に立ちません。実践書として活用してください。

＊上級者

すでに上級者の方は、今の売買法を見直して継続的に相場で勝ち、確実に億万長者（ビリオネア）をめざすための技術を高められます。

また、本書では、出し惜しみせず、私の銘柄選びの方法や銘柄管理のコツまで、すべてオープンにしています。正直、ここまで手のうちをオープンにした株の本は、これまでなかったと自負しています。

さらに巻末には、私が実際に株取引に使っている銘柄の一部を紹介しています。限られたチャンスや時間を有効に活用するためにも、ぜひ、積極的に取り入れてみてください。

皆様のご成功を心からお祈りいたします。

２０１６年秋

上岡正明

うねりチャート底値買い投資術●目次

第1章 株で失敗を繰り返していた私がたった5年で1億円を稼げた理由

第2章
株で億万長者になるための ルールとパターンを知る

第3章
儲かる投資家になるための 6つの基本知識

第4章 株の勝者だけが知っている勝利の方程式をマスターしよう

第5章

勝てる投資家になりたかったら銘柄をロックオンしなさい

第6章

リスクマネジメントで大切な資産を守る

第1章

株で失敗を繰り返していた私が たった5年で1億円を稼げた理由

1 新聞やニュースを信用しすぎると株で勝てない

株の初心者やアマチュアの方が、上級者のステージに抜け出すときに、特徴的な行動の変化がひとつだけあります。なんだか、おわかりになりますか？

それは、新聞やニュースをあまり信用しなくなる、ということです。

私は10年以上、市場で株取引をしています。それなりに、資産も増やしてきたと自負しています。納税額も、一般の方の3倍近くあります。

そうしたなかで、これは、間違いなく言えることです。

中級者から上級者に成長するにつれて、ほとんどの投資家が新聞やテレビなどの情報に、自分の売買が左右されることがなくなるのです。

「え、そんなのおかしい」

そう思う読者の方もいらっしゃるでしょう。

実際、今まで読んできた本には、有名な経済新聞やニュースなどをしっかりチェックすれば株で儲けられる、と書いてあったはずです。

そうした読者の疑問の声が、早くも聞こえてきそうです。

一方で、株の上級者は、このくだりを読んで、「おや？」と逆のリアクションをするはずです。

「この本は、今までのような理論一点張りで、実践でなんら役に立たない株の本とは少し違うらしい。どれ、最後まで読んで本当にためになるなら、負け続きの友人にすすめてみようか」と。

はたして、この違いはどこからくるのでしょうか？

ちなみに、この違いとは、「株の勝者のパターン」と「株の敗者のパターン」のポイントでもあります。

2 元手200万円があっという間に5倍の1000万円に

ちなみに、そんな私も、最初は皆さんと一緒。お宝銘柄は全部ニュースやネットに書かれていると本気で考えていました。

今でも覚えています。最初の元手は、なけなしの200万円。

一番はじめに買った銘柄は、投資雑誌で推奨されていた大型銘柄のキヤノン。

そのあとは、戦後最長の好景気にうまく乗れたこともあり、どの銘柄を買っても次々にスマッシュヒット。

200万円の元手は、みるみるうちに増えていき、株をはじめて3年くらいで、1000万円近くになっていたと記憶しています。

少し値を下げた株をほどよいところで買っておけば、1週間後には、利益が出る。

ただ、それを繰り返すだけの単純な作業です。

思えば、このときすでに、「株の敗者のパターン」に片足までどっぷり浸かっていたのです。

やがて、私はさらに儲けを広げようと、株の投資セミナーに参加するようになります。そこで紹介された銘柄は、すべてノートにとりました。普段ズボラな私からは、想像もできないような几帳面さです。

家に帰ると、『会社四季報』の情報を見ながら、業績が右肩上がりで、比較的、安全そうなものから買っていきます。

さらに、ネット上の有名な投資家ブログを毎日チェック。

「今日の推奨銘柄は、これだ！」

そんな情報を知りたくて、月々1万円の会費を払って、会員にもなりました。

その頃の私は、有名な株情報本やブロガーのサイト上には、株で勝つための情報が書かれていると、本気で信じていたのです。

このように、移動中でも、トイレの中でも、つねに頭の中は株のことでいっぱい。

しかし、少しも苦ではありません。増え続ける資産に、夢は膨らむばかりでした。

3 株には、勝者のパターンとその他大勢の敗者のパターンがある

さて、ここまで読まれた方、とくに株の初・中級者の方は、きっと他人事《ひとごと》のような気がしないはずです。

ほかにも、まだあります。

・株の情報本を読んで投資をしてきたが、結局、最後は予想が外れる

・チャートを分析するサイトの会員になったが、まったく儲からなかった

・ネット掲示板を読んでいたら不安になって狼狽《ろうばい》売り。そこから株価が上がりはじめた

・友人から今買えば儲かると極秘情報を教えられたが、むしろ下がった

・有名な経済新聞に新規事業発表。ぜったい上がると確信したが、そこから数年も下がり続けた

このように、**株の初心者から中級者までの道のりというのは、ある程度、パターン化して説明ができます。**

とくに最初の1年間の敗者のパターンというのは、起こるべくして起こる出来事。あなただけではなく、投資家なら誰もが通る道なのです。

もちろん、私も例外ではありませんでした。

そして、皆さんの予想どおり、次の展開がありました。

天国から地獄へと、真っ逆さまに落ちていく、今考えても胃が痛くなるような最悪のシナリオです。

4 市場からの退場寸前で気づいたたったひとつのこと

「おかしい、今週も、少しも資産が増えないな」

ある日、私は証券口座の資産推移を見ながら、首をかしげていました。

あれほど好調だった株取引は、2008年頃から、思うようにうまくいっていませんでした。

決して大幅に損が出るということはありません。しかし、**今までと同じやり方をしていても、なかなか利益が生み出せないのです。**

実は、あとでわかることなのですが、このときすでにトレンド、つまり市場の流れは変わっていたのです。

株というのは、だいたい3ヶ月サイクルで動きます。長くても6ヶ月、1年が小さな循環サイクルです。

その動きの連なりが、大きなトレンドとなります。さらにそれが集積されて、5年から長いときでは7年かけて、大きな山と谷を生み出します。

しかし、当時の私はビギナー投資家。相場経験も、たかだか数年です。そのため、大きなトレンドの変化を経験することなく、次の下げ相場がやってきてしまったのです。とくに、上にのぼっていく上昇トレンドだけしか経験していない投資家が、もっとも危険です。

逆に、市場で5年以上生き残って、かつ継続的に投資を続けているとしたら、その方はすでに株の中級者といえるでしょう。

31ページの図表1をご覧ください。

だいたい大底《おおぞこ》から大天井まで、そして元に戻って底を洗いに行くまでに、5～7年の経過が必要です。

9割の人が、この天井から底への戻りで、ふるい落とされます。技術や上手い下手というより、もっと肝心なことが抜けているからです。それは経験です。

たいてい、底から上昇をはじめると、最初に新聞やニュースが、市況が活性化してきたことを話題にします。

そこから、半年ぐらいすると、今度は政府発表で、株価の話題が増えてきます。

同時に、政府も株価対策をはじめます。政治や選挙に、株価の動きを利用しはじめるからです。

これは、普通に考えれば当然ですよね。株価が低いうちは、話題にしても、逆に悪者にされて叩かれるだけです。上昇をはじめてこそ、政府も政治に利用する価値ができるわけです。

未経験の方が株に手を出しはじめるのも、だいたい、この頃です。

そのパターンがわかるので、このあとの失敗のパターンもだいたいの予想がつくのです。

私の場合も同様でした。

他の投資家と同じように、いまだかつて経験したことのない未知の領域に、足を踏み入れていきます。そう、暴落相場の到来です。

図表 1 1994年から2016年までの日経平均の月足チャートのトレンド

出所：ゴールデン・チャート社

5 暴落と信用取引で死ぬほどつらい恐怖を体験する

どんなに優秀なビジネスマンでも、とっさの対応が難しいことがあります。これまでの経験がまったく通じないことが、襲ってきたときです。

私の場合もそうでした。

理由がわからないまま、パニック寸前に陥っていました。

食事もまともにノドを通りません。

ただ、来る日も来る日も、消滅していく資産の数字だけを、なかば気を失いそうになりながら、ぼうぜんと目で追っていました。

あれほど好きだった経済新聞を見るのも怖くなり、真夜中に、ネットニュースのタイトルを確認するだけです。

あとでわかったことですが、その暴落相場は戦後最大ということでした。

のちに、「リーマンショック」と名づけられる恐慌によって、1200万円近くあった資産が、一気に２００万円近くまで落ち込んでしまいました。

それでも、私はなかなか行動が起こせませんでした。これまで上昇相場しか経験したことがなかったので、下落に転じたチャートにどう対処して良いのか、その知識も技術もなかったからです。

さらに、悪いことは重なります。3年後、今度は東日本大震災が日本列島をおそいます。損切り（ロスカット）できずにいた持ち株の資産は、当然、すべてマイナス。それも、40%、50%という、信じられないくらい大幅に引かれていきました。

その頃の私は、悪いことに、信用取引にまで手を出していました。

信用取引というのは、証券会社に借金をして、株を売買する手法です。手元の資金や持ち株を担保に、約3倍までを証券会社から借りて、株を売買することができます。

自分の資金以上の売買ができるのですから、当然、勝っているときは、通常より大きく儲けることができます。実際、私が短期間で、２００万円を１２００万円近くにまで増やせたのは、信用取引のおかげです。

しかし、相場が逆に転じると、同じように2倍、3倍と損が膨らみます。

このときの私は、まさに、その信用取引が命取りとなっているケースでした。

証券会社からも、催促の電話が、毎日のようにかかってくるようになります。

そのたびに、トイレに駆け込み、あと数日待ってくれるように頼みます。もちろん、数日たてば株価が上がっているはずだ、という根拠のない期待からのお願いです。

これが、「信用取引に初心者はぜったいに手を出すな」といわれている理由です。

本書は入門書ということもあり、信用取引の説明は省きました。

ただ、信用取引はタイミングとリスク管理さえきちんとおこなえば、まだ資金力のない投資家にとっては大きな武器となります。もし、信用取引をおこないたい場合には、きちんと勉強してからはじめることをおすすめします。

6 株には勝つために知らなければならない方程式が存在した

結局、すべての混乱が終わった頃には、１２００万円近くにまで増えていた私の資産は、元の２００万円に戻っていました。

しかし、それでもまだ、私はラッキーだったといえます。

投資家のなかには、市場から強制退場させられた方も多くいたと聞いています。

ちなみに、ここでいう強制退場とは、資金がなくなるだけでなく、信用取引の担保もなくなり、すべての株を強制ロスカットさせられることです。ここまでくると、元手の資金は信用分のマイナスも加わり、ほとんどなくなってしまいます。

事業も株取引もそうですが、元手資金（タネ銭）がなければ、商いができません。結果、株式市場から、泣く泣く退場を余儀なくされるわけです。

私はというと、どうにか、ギリギリのところで踏みとどまっていました。信用取引もしていたわけですから、ほんとうに、このときだけは運が良かったとしかいえません。

一方で、これは予想していなかったことですが、経営者としての経験が、相場の世界でもある程度通じることがわかりました。

その頃は、経営規模も拡大していました。15名ほどの社員数となり、銀色にかがやく汐留の電通ビルの目の前に、オフィスをかまえていました。

そうした事業家としての経験、リスクを敏感にかぎわける直感力で、このときの危機をなんとか泳ぎ切ったというほうが正しい表現かもしれません。当時は、知識や技術なんていうものはほんとうに浅く、今振り返れば、からっきしダメだったわけですから。

相場で儲けることは、経営することと同じ

相場で儲けるということは、たとえ娯楽の延長であっても、市場からお金を儲ける、つまりみずからビジネスをするということとなんら変わりません。つまりは、経営の延長なのです。

いや、自分は趣味でやっている。ガツガツ儲けようなどとは思っていない。そういった方がいたとしても、いいでしょう。それでも相場はギャンブルとは違います。プロの機関

投資家や銀行さえも介入する、立派なビジネスなのです。

しかし、私たち一般投資家で、そうしたビジネスマインドで売買をしている方が、どれだけいらっしゃるでしょうか。

おそらく、ごく少数です。

むしろ、ちょっとした儲けの手段、おこづかい稼ぎという感覚です。


しかし、それでは、みずから「敗者のパターン」を選択しているようなものです。

ほんのちょっと、意識を変えるだけ。この自立したビジネス感覚をもっているだけで、儲かる投資家の仲間入りをはたせます。

そのために、必要なものはなんでしょうか。

それこそ、投資家としての**「戦略」**と**「戦術」**です。

7 株で1億円の資産をつくるために必要な2つのルール

それでは、株で勝つために必要な「戦略」や「戦術」とは、具体的にどのようなものなのでしょうか?

それは、株の成功者だけが知っている、「勝つためのルール」を知ることです。

株の上級者は、長い経験をつうじて、株で勝つための原理原則を学んでいきます。意識をしているかどうかは別にして、そのルールに従って、株の売買をしているだけなのです。

そこから導き出した、私の考えるその戦略と戦術とは、大きく分けて次の2つです。これは株の成功者だけが知っているルールだといえます。

(1) タイミング5割、技術3割、銘柄選びは2割だけ
(2) 相場で技術を磨くこと、相場の銘柄は絞ること、相場はゆっくり商いすること

第2章から詳しく説明していきますが、なかでも、とくに重要なのが、
（1）タイミング5割、技術3割、銘柄選びは2割だけ、です。
センスの良い方なら、このルールを知っただけでも、驚くほど株で安定的な利益を生みだせるようになります。

（2）相場で技術を磨くこと、相場の銘柄は絞ること、相場はゆっくり商いすることは、どちらかというと、技術面にフォーカスを当てています。
戦略を上手に操作する、いわば戦術マニュアルのようなものです。


もちろん、上級者ほど自分のテクニックや好みに合わせて、多少のアレンジをしていきます。それでも、野球やサッカーなどと同じく、基本のルールや戦い方は知っています。

そして、この勝つためのルールを守ることで、いろいろな投資技術がはじめて活かされます。本書では、その技術を3つに分けて紹介しています。

それぞれ、**「うねりチャート底値買い」「分割売買」「銘柄をロックオン」**です。

図表 2 株の成功者だけが知っている２つのルール

（1）タイミング5割、技術3割、
銘柄選びは2割だけ
（2）相場で技術を磨くこと、
相場の銘柄は絞ること、
相場はゆっくり商いすること

8 勝てる投資家になるためのリスク管理の９ヶ条

これまでの経験をふまえて、私なりに株で成功者になるための心得をまとめてみました。それがこちらです。

勝てる投資家になるためのリスク管理の９ヶ条

（1）投資をするはじめの段階で、儲かることだけを考えず、損することも考える
（2）投資は勝ち負け両方があるゲームだと知っておく
（3）最初にいくらまでの損ならば許容できるか、答えを用意しておく
（4）一定の損失は、ビジネスでいう必要経費だと考えて、むしろ利用する
（5）失敗したら、次から同じ失敗をしないように改善する
（6）小さな暴落は1年に一度、暴落は3年に一度、大暴落は7年に一度のペースで必ず来る

（7）余裕資金をつねにプールしておく

（8）当たっても外れても、相場で勝てるようにすることが真のリスク管理

（9）親戚や同僚が株を教えてほしいと来たら、てっぺんだと思え（つまり、暴落が近い）

次の図表3は、ここまでの内容を図にあらわしたものです。

まず、先ほど紹介した2つの戦略と戦術。

そして、プロやアマチュアに関係なく、誰でも効果的に使えば勝てるようになる、「うねりチャート底値買い」「分割売買」「銘柄をロックオン」の3つの技術が支えています。

そして、勝てる投資家になるためのリスク管理の9ヶ条。

最後に、「売る」「買う」「待つ」の3つのスキル。

億万長者（ビリオネア）になるために知らないといけないことの、これが全容です。

たったこれだけです。これだけで、夢のような資産が手に入るのであれば、チャレンジしない手はありません。

図表３　１億円投資家になるための戦略と戦術、技術と心得

戦略と戦術　株の成功者だけが知っている2つのルール

ルール1　タイミング5割、技術3割、銘柄選びは2割だけ

ルール2　相場で技術を磨くこと、相場の銘柄は絞ること、相場はゆっくり商いすること

技術　プロ・アマチュア関係なし
誰でも効果的に使えば勝てるようになる技術がこれ！

(1)うねりチャート底値買い　(2)分割売買　(3)銘柄をロックオン

心得　勝てる投資家になるための
リスク管理の９ケ条

1. 投資をするはじめの段階で、儲かることだけを考えず、損することも考える
2. 投資は勝ち負け両方があるゲームだと知っておく
3. 最初にいくらまでの損ならば許容できるか、答えを用意しておく
4. 一定の損失は、ビジネスでいう必要経費だと考えて、むしろ利用する
5. 失敗したら、次から同じ失敗をしないように改善する
6. 小さな暴落は１年に一度、暴落は３年に一度、大暴落は７年に一度のペースで必ず来る
7. 余裕資金をつねにプールしておく
8. 当たっても外れても、相場で勝てるようにすることが真のリスク管理
9. 親戚や同僚が株を教えてほしいと来たら、てっぺんだと思え（つまり、暴落が近い）

基本スキル

売買の基本は、「買う」「売る」「待つ」の3スキル

第1章まとめ

◎中級者から上級者に成長するにつれて、新聞やテレビなどの情報に、自分の売買が左右されることがなくなる。

◎有名な株情報本やブロガーのサイトに、株で勝つための情報が書かれているとは限らない。

◎株で勝つためには、投資家としての「戦略」と「戦術」、3つの技術が必要。

◎勝てる投資家になるためのリスク管理の9ヶ条を忘れない。

第2章

株で億万長者になるための ルールとパターンを知る

1 株が資産形成に向いている4つの理由

ここで私が考える、株が資産形成に向いている4つの理由をご紹介しましょう。

(1) 政府推奨の副業である

日本の企業では、副業はほぼ認められません。

私は経営者ですが、残念ながらわが社の従業員も副業はNGです。

一方、政府が推奨し、会社も文句がいえない副業があります。そう、株です。株をはじめたからといって、叱る上司はいないでしょう。むしろ、新聞もよく読むようになるだろうと、前向きに受け取られることが多いのではないでしょうか。

上司も株をやっていれば、会話のネタにもなり、飲みの席でのコミュニケーションも円滑になるでしょう。

このように、株は副業を認めない日本のビジネスパーソンにとって、有効な資産形成の手段なのです。

（２）少額からはじめられる

資産形成というと、不動産投資やＦＸ（外国為替証拠金取引）、先物取引などもあります。しかし、どれも素人には手を出しにくく、リスクも大きくなります。

一方、株は探せば５万円前後の銘柄もあります。

５万円であれば、ボーナスの一部やおこづかいでも工面できる金額です。

もちろん、あまりに少額では、得られるリターンも微々たるものです。

しかし、アパート経営などと違い、失敗してもやり直しがききます。

技術を獲得しながら、少しずつ、身の丈にあわせて金額を増やしていけばいいわけです。

（３）時間や場所を選ばない

株式投資は時間や場所を選びません。

このメリットは、忙しいサラリーマンや主婦の方にとって、かなり有益だと思います。

よく、不動産投資のためにシンガポールやベトナムなどの海外に渡航している人をブログなどで見かけます。しかし、一般の方ではなかなか真似できません。かなりの手数料やコンサルティング料も発生してしまうでしょう。

しかし、株の売買であれば多額のコストはかかりません。

パソコンとインターネット環境さえあれば、どこにいても売買できてしまいます。

さらに、モバイルでの売買も、iPhoneをはじめとするスマホの登場で、スムーズにできるようになりました。

通勤時間に経済情報をチェックして、お昼休みに選んだ銘柄を購入、深夜にテレビを見ながら一人反省会をひらく。そんなスキマ時間を利用した売買も、株なら、なんのストレスもなくできてしまいます。

(4) 成功パターンと技術さえあれば、誰でも勝者になれるチャンスがある

この4番目こそ、私が株をおすすめする一番大きな理由です。

まだ、**市場参加者の9割が、勝つためのルールも技術も知りません**。いや、知ろうともしていない、といったほうがいいかもしれません。

これは、とても有利な状況といわざるをえません。どのようなゲームでも、勝つためのルールや技術を知らないプレイヤーが大勢いるほうが、勝ちやすいのは当然のこと。

逆に、勝つためのルールを知ろうともしないで株式投資をはじめるのは、とても危険なことです。一歩間違えれば、すべての財産を奪われかねません。

なぜなら、株というのはポーカーゲームと同じだからです。誰もが、お金を失いたくない、できれば勝ち逃げして、他のプレイヤーの財布から利益を奪いたい、そう思っています。

しかし、現実はどうでしょう。ポーカーゲームの勝者は、ほんの一握り。９割は敗者になって、大なり小なり、財布の中身を奪われます。

このように、株の利益とは、市場というマーケットが、お金を新たに生み出しているわけではないのです。見方を変えれば、プレイヤーからプレイヤーへ、資産移動が発生しているだけ。

では、そうしたゲームで勝者になるために、必要なことはなんでしょうか？

それは紛れもなく、勝者のルールを熟知することであり、他人より多くの技術を駆使して、ひとつでも多く負けない工夫をこらすことにほかなりません。

図表4 株が資産形成に向いている4つの理由

理由1 政府推奨の副業である

株は副業を認められにくい日本では、唯一、政府推奨のビジネスです。上司も株をやっていれば、会話のネタにもなり、飲みの席でのコミュニケーションも円滑になるかもしれません。

理由2 少額からはじめられる

銘柄によっては、数万円から投資が可能。アパート経営などと違い、失敗してもやり直しがききます。また、技術を獲得しながら、少しずつ、身の丈にあわせて金額を増やしていけます。

理由3 時間や場所を選ばない

忙しいサラリーマンや主婦でも、パソコンとインターネット環境さえあれば、どこにいても売買できてしまいます。

理由4 成功パターンと技術さえあれば、誰でも勝者になれるチャンスがある

市場参加者の9割が、勝つためのルールも技術も知りません。これはあなたにとって、とても有利な状況だということ。どのようなゲームでも、勝つためのルールや技術を知らないプレイヤーが大勢いるほうが、勝ちやすいのは当然のことだからです。

2 株をはじめる前に知っておきたいたったひとつの真実

株で勝つためには、第1章でもお伝えしたとおり、戦略と戦術が必要です。

株で稼ぐプロセスは、「経営者となってお金を稼ぐ」のとまったく同じです。経営の世界では、10年後に市場に生き残っている会社は、全体の10%未満だといわれています。それはおそらく事実です。ただ、最初から完璧な戦略を持つ必要はありません。誰でも、最初は未熟です。私も恥ずかしくなるほど、はじめは未熟な経営者でした。

だからこそ、戦略や戦術をしっかりと考えるようになりました。経営者として戦略や戦術を手に入れていくと、会社が生き残りやすくなります。

といっても、**勝つ投資家として知っておかなければならない戦略と戦術は、たった2つしかありません。** 繰り返しになりますが、次の2つです。

（1）タイミング5割、技術3割、銘柄選びは2割だけ
（2）相場で技術を磨くこと、相場の銘柄は絞ること、相場はゆっくり商いすること

とくに（1）の戦略はとても大切なので、さらに詳しく説明していきましょう。

3 タイミングを制する者が株の勝敗を制する

初心者が株で勝つ方法は、タイミングを見極めること。これに尽きます。

「株はタイミングさえ誤らなければ、ぜったいに負けないゲーム」だからです。

タイミングがあって、次に技術や銘柄選びという順番です。

しかし、株の初心者、なかには株歴が5年以上の方でも、銘柄選びからはじめてしまい、難しい理論や方法論に偏ってしまうのは、なぜでしょうか。

難しいことを覚えるのは自由です。

しかし、それで投資に勝てるようにはなりません。

難しい言葉なんて邪魔だ。

むしろ、そう思えるようになったとき、はじめて株で勝ちつづけることができるようになります。

それぐらい、株で稼ぐためのルールとは、とてもシンプルです。

格闘技などでもそうです。

私はボクシングを、もうかれこれ10年以上続けています。そこでは、熟練のトレーナーほど基本的なことを大切にします。体幹のひねり、ジャブ、ストレート、フック、足のリズム。あとは、いらない。そんな感じです。

ビジネスでも、新人ほど難しい単語や理論を使いたがる。

株式投資も、これと同じです。

株の上級者ほど、意外にシンプルなやり方をしていることに驚かされます（本書で紹介する技術も、誰でもできる、とてもシンプルなものです）。

一方で、とても失礼な言い方ですが、あまり儲かっていない投資家や、ネット上で投資コンサルティングをしているような人ほど、聞いたこともない難しい理論を語りたがります。

なぜでしょうか？

それは、難しい手法のほうが、なんとなく高度な方法を操っているようで、スマートで、かっこいいからです。

4 あなたが繰り返し実践できる技術に集中する

シンプルというと誤解されるのですが、とにかく売買においては、自分が実践できるルールをもつことです。

では、株で利益を出す方法は何かといえば、それは**「安いところで買って、高いところで売る」**です。

難しい知識や理論よりも、タイミングがすべてなのです。

それでも、投資家の9割が負けているのは、安いところで買えずに、高いところで買っているからです。

であれば、狙いを定めて、安いところを買えばいい。もっとも、わざわざ私が語らなくても、いろいろな株の本に、同様なことが書かれています。

しかしながら、ここでもうひとつ、大きな疑問があります。

どんな株の上級者でも、大底の一点を狙いすましたように買うのは、それこそ不可能です。ゴルフで毎回ホールインワンを狙うようなものです。

プロでもできないことが、はたして、私たちにできるでしょうか。

タイミングには、うねりと循環の2種類がある

また、読者の方も、こう文句をいうでしょう。

「タイミングが重要なのは知っている。それができたら、わざわざこの本を買ってはいないよ」

では、どうして、タイミングの大切さをわかっていながら、それが実践できないのか。

それには、ひとつの大きな理由があります。

実はタイミングには、「うねり」と「循環」の2つの種類があります。

そのことを、これまで私たちは、あまり認識していなかったのです。

*うねりのタイミング

「うねり」とは、3ヶ月、あるいは6ヶ月、長くても1年程度の期間にわたる、株の動き

です。

株をはじめると、だいたい数ヶ月単位で、株が上がったり、下がったりと、ジグザグに動いていることに誰でも気がつくはずです。

そのため、なるべく狙った株が、ジグザグの動きの一番下まで下げ切ったところで買おうとします。

チャートを睨みながら、ここぞというタイミングを狙うはずです。

この本でも紹介していますが、株の初・中級者が安定的に利益を稼ぐためには、上下に動く、このチャートの動きを利用しない手はありません。

ボクシングでいえば、ジャブ、ジャブ、ワンツー。サッカーでいえば、パス、パス、シュート。

上達するためには、この基本のチャートの動きをマスターして、資金に余裕をもち、何回かに分割して売買をします。

循環のタイミング

しかし、実は、このタイミングをマスターするだけでは、まだ完全とはいえません。

株には「循環」という、もうひとつのタイミングがあるからです。

それをわかりやすく伝えるために、私の会社の社員の話をしましょう。

私の会社では、やる気がある社員に、株の売買を、経営者である私がみずから教えています。

誰でも最初は、失敗がつきものです。そのため、まだ資金力の乏しい若いうちからはじめたほうが、経験を重ねることができるため、動かせる資金量が増えたときに有利になります。

ですので、私の会社では、若いうちから株をはじめることを推奨しているのです。

さて、そんな私の会社に、４年前から株取引をはじめた若手の幹部社員がいました。

ある日、そんな彼が、ニコニコしながら社長室にやってきました。

聞けば、「私が見込んだ日本瓦斯の株価が、今日で４倍になりました」といいます。

ノートパソコンをのぞくと、たしかに日本瓦斯のチャートは、彼が買ったところから急激に上昇していました。

ガス事業の自由化、電力会社との事業提携など、優秀な経営陣による、業界の枠にとらわれない方針が市場に好感されて、大躍進の成長株に変貌を遂げていたのです。

彼の眼力はたしかなものでした。

図表5 日本瓦斯(8174)のチャート

(週足)

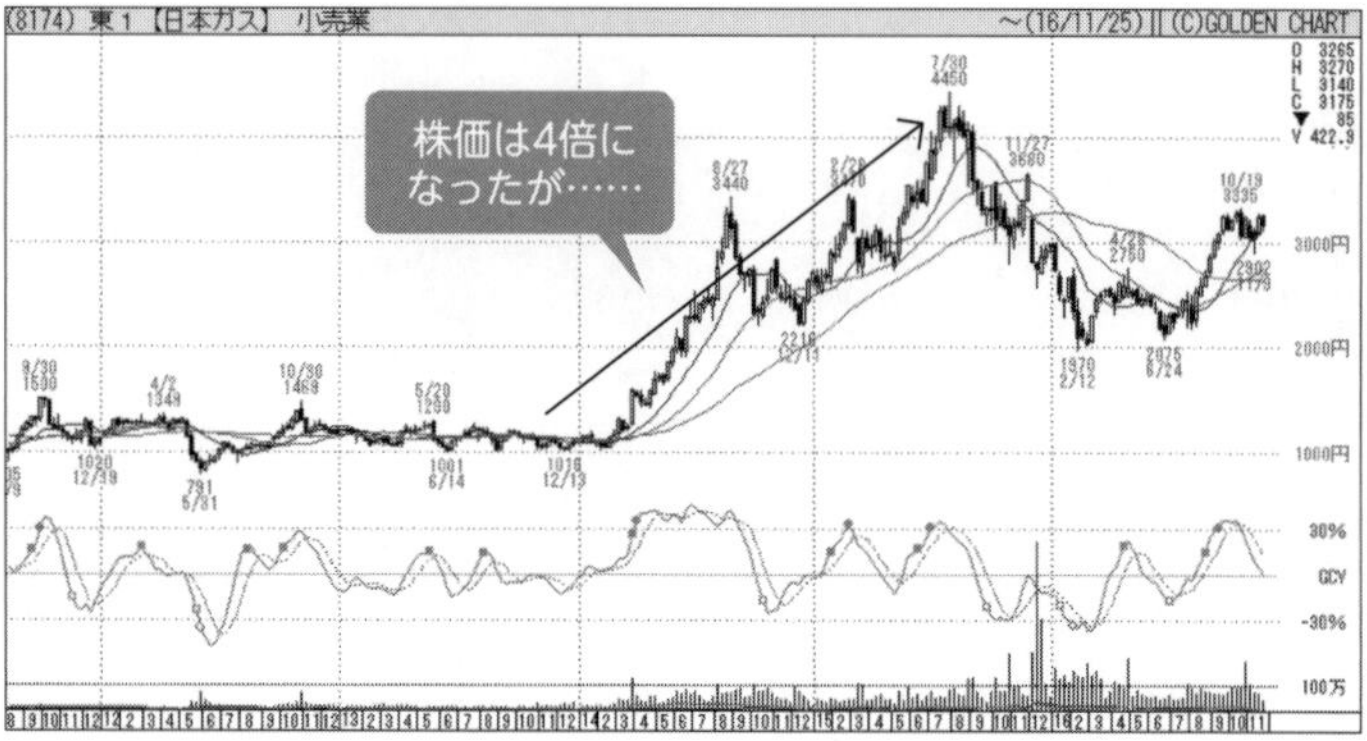

出所：ゴールデン・チャート社

しかし、この時期、ほかの銘柄はどうだったでしょうか？

実は、２０１２年から２０１５年にかけてのタイミングというのは、東証１部、２部にかかわらず、ほとんどすべての銘柄が、ひと握りの例外をのぞいて、軒並み急上昇した時期でもありました。

例外といっても、倒産危機など、企業として価値を著しく低下させている銘柄ばかりです。途方もない借金を抱え、国有化も噂された東京電力（現・東京電力ホールディングス）でさえ、４倍近くにまで株価が上がっていました。

このことからわかることがひとつだけあります。いったい、なんだかわかりますか。

それは、株というのは、会社の実力や、

図表6 東京電力ホールディングス(9501)のチャート

（週足）

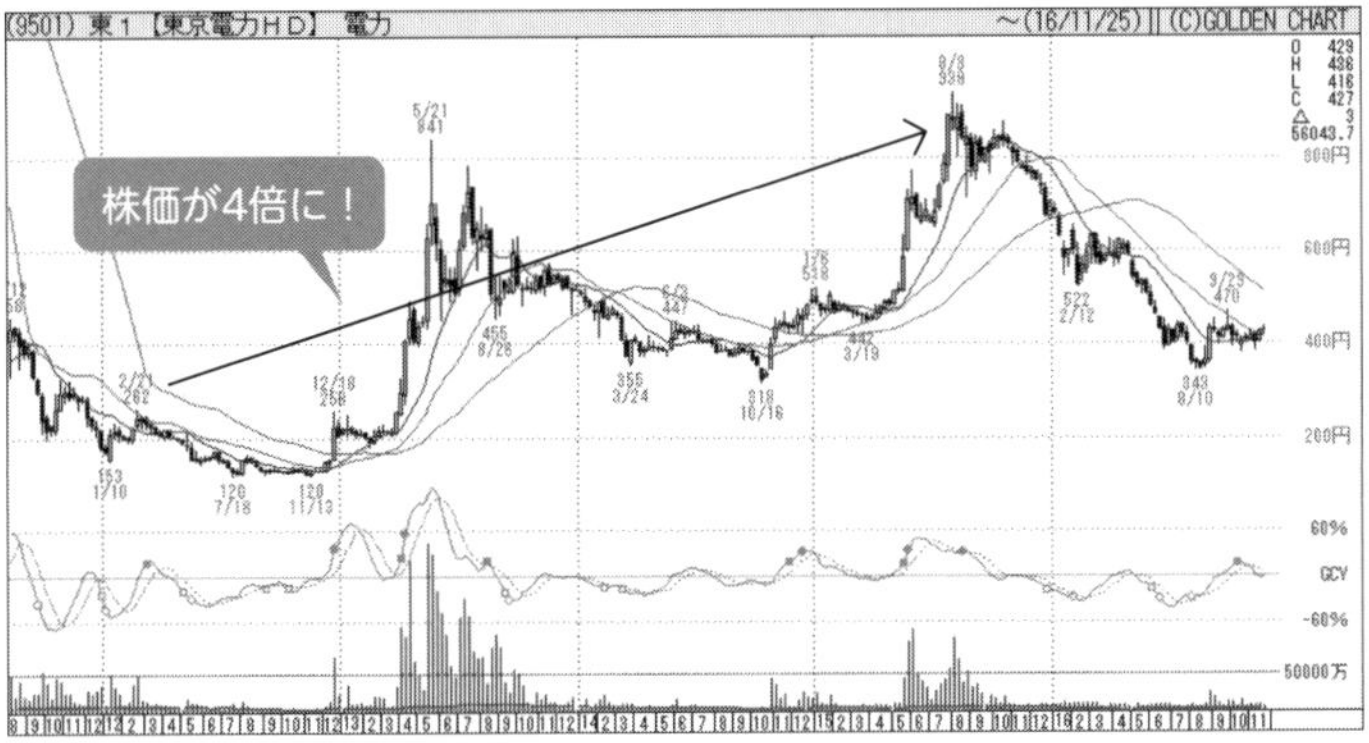

出所：ゴールデン・チャート社

投資家の経験に一切関係なく、保有しているだけで儲かってしまうタイミングがあるということです。

これが、もうひとつのタイミング、景気や政治に左右される「循環」です。

5 経験ゼロから株で1億円をつくる最強のメソッド

このように、タイミングと一口にいっても、短期でジグザグに動く**「うねり」**、数年でゆっくりと大きな相場をつくる**「循環」**の2種類があります。

なかでも、長いときで7年以上かけて大きな相場をつくる循環は、株で成功するためにはもちろん、資産1億円を達成するためにも、とても重要なポイントです。

正直な話をすると、**数億円の資産を株で手に入れた投資家は、ほとんどすべてといっていいほど、この「循環」を味方につけた人**だといえます。実際、私もその1人です。

私は2012年からの上げ相場で、資産を10倍にしました。利益にして2400万円。それは、相場の谷から山をつくる循環の流れにうまく乗れたからです。

次の図表7は、私の1億円までの資産の増加をグラフであらわしたものです。リーマンショックと震災ショックで、大きく資産を減らしているのがわかります。

しかし、その後、技術を高める努力をして、さらに2012年からの循環相場で、一気に資産を増やしています。

図表７ 1億円達成までの道のり

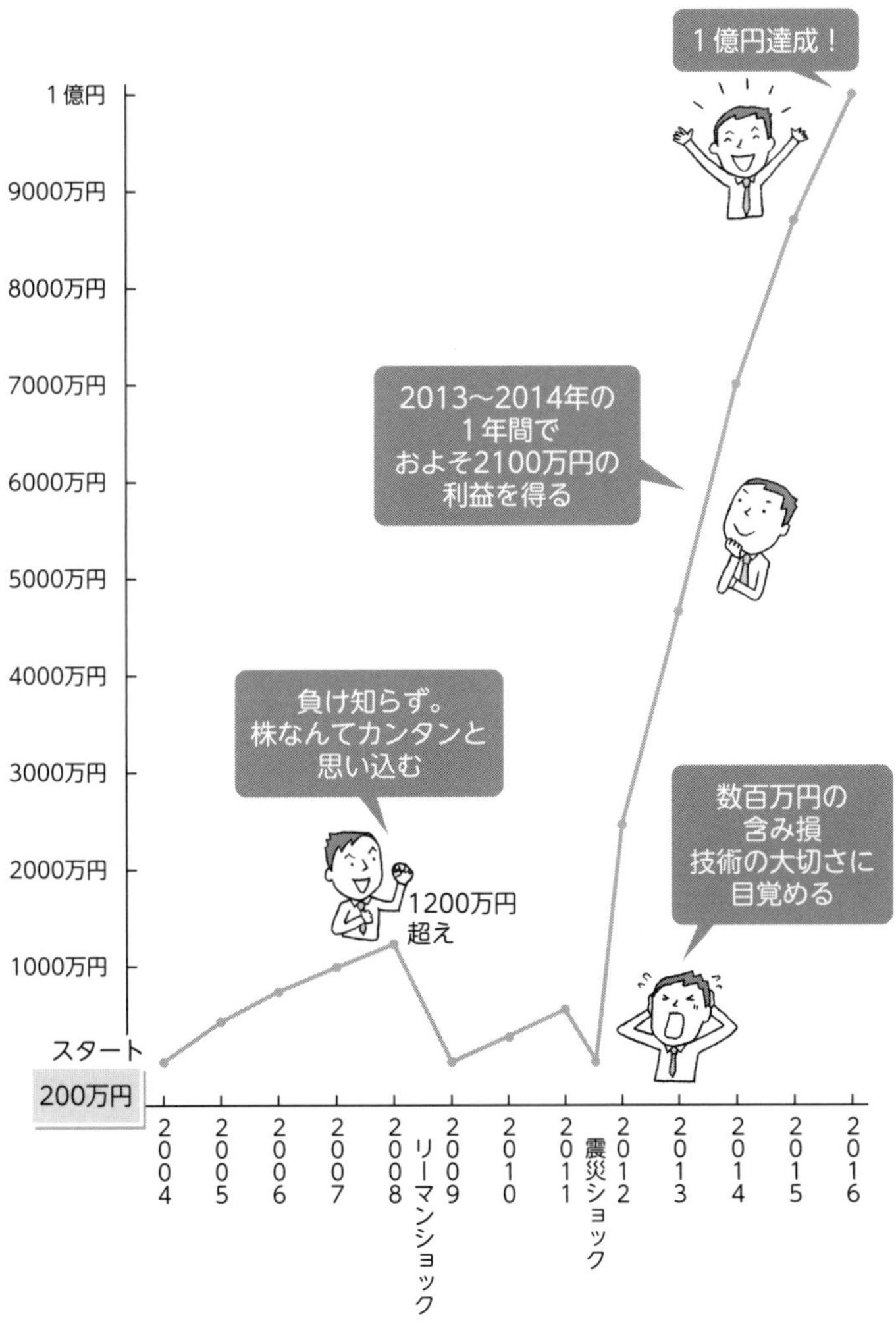

6 勝負どころは年に一度、大勝負は3年に一度、天下分け目は7年に一度

もっとも、本書を繰り返し読んで、ここにある技術を身につければ、いずれは1億円を達成することが可能です。

第3章から説明する「うねりチャート底値買い」「分割売買」「銘柄をロックオン」という3つの技術だけで、十分利益を上げていくことはできます。

事実、ほとんど相場が動いていない2016年でも、私はトータルで1000万円以上の利益を稼いでいます。役員報酬などの年収にプラスして、それだけの儲けを手にできれば十分でしょう。

一方で、循環というタイミングを味方につけない限り、わずか数年の短い期間で、大きな資産をつくることはできません。

循環のタイミングを味方につけることは、短期間で資産を形成するためには、とても重要な要素なのです。

これは、**株で億を超える資産をつくった投資家なら誰でも知っている「株で1億円の資産をつくるための真実」です**。

どんなに技術に優れた投資家でも、心のどこかでは、あの時期に株で資産を5倍、10倍にできたのはタイミングがよかったから、とわかっています。

つまり、私はこのように考えます。

株の資産づくりは、タイミングが5割。これは、間違いのない事実です。

そして、**その勝負どころは年に一度、大勝負は3年に一度、天下分け目は7年に一度**。

市場は小刻みにジグザグと動きながら、3年から7年で、大きな山場をつくります。短期間で資産を手に入れるためには、この3年に一度の大勝負か、7年に一度の天下分け目を、ぜひ手中に収めてください。そして、この循環の勝負どころで、大きく資産を増やすのです。

ただし、誤解してほしくないことが、ひとつだけあります。それは、タイミングだけを狙って投資をしても、実際には勝つことはできないという矛盾です。

それはおかしい。タイミングさえつかめれば勝てる、といってきたじゃないか。

はい。たしかに、そう説明してきました。しかし、タイミングだけを狙うような売買は、結局、実践的ではないのです。

7 タイミングだけを狙うのは、ただのギャンブル

ここまで読んで、タイミングの大切さを知った読者の方なら、こう思うかもしれません。

「だったら、株の技術など関係ない。そんな面倒なことはすべてとばして、タイミングだけ見計らって、全資産を投資すればいいではないか」

たしかに、それも一理あります。

しかし、実際には、それは机上の空論でしかありません。なぜなら、それはもはや投資ではなく、ギャンブルでしかないからです。循環というのは、将来ふりかえってみて、はじめて「ああ、あれがひとつの大きな相場だった」とわかるものです。

実際、目の前の相場に必死にくらいつきながら投資している最中は、そのことに気づくことはできません。ただただ、毎日、必死になって、チャートと格闘をしているだけです。

小さなうねりに乗ったり、乗り損ねたり。儲けたと思ったら、翌日には大損していたり。

日々、そんな苦悩をしながら、気づいたら山の頂上にいて、ふりかえるとうねりに沿って山の峰々を登っていた……、そんな感覚です。ましてや、今から大きな循環がスタートする最初の一日だ、などとわかるはずがないのです。

図表８ 循環相場にはパターンがある

第2章まとめ

◎成功パターンと技術さえあれば、誰でも株で勝者になれるチャンスがある。

◎「株はタイミングさえ誤らなければ、ぜったいに負けないゲーム」といえる。

◎タイミングには、「うねり」と「循環」の2つの種類がある。

◎短期でジグザグに動くのが「うねり」、数年でゆっくりと大きな相場をつくるのが「循環」。

◎勝負どころは年に一度、大勝負は3年に一度、天下分け目は7年に一度と心得よ。

第3章

儲かる投資家になるための6つの基本知識

1 アマチュア投資家の感覚を軌道修正するところからはじめよう

スポーツの世界では、日本代表となりオリンピックで金メダルを取るために、それこそ地獄のようなトレーニングをしなければなりません。ライバルは、同じ目標をもつプロや厳しい訓練を積んだ精鋭ばかり。

それに比べて、今日から株をはじめたばかりの初心者や、リタイア後の趣味の延長ではじめたアマチュアたちと渡り合いながら、相場で利益を稼ぐのは、プロスポーツよりよっぽど楽だといえます。少なくとも、私には、そう断言できる理由があります。

それは、**ある水準を超えてしまえば、株は勝てるゲームだから**。

大切なのは、その水準を超えられるかどうか。そのために必要なことは、それほど多くありません。いくつか挙げれば、次の5つになるでしょう。

(1) 投資家として基本の売買技術を身につけること

(2) 銘柄を絞り、得意な銘柄をつくること

図表９ 儲かる投資家になるためのピラミッド

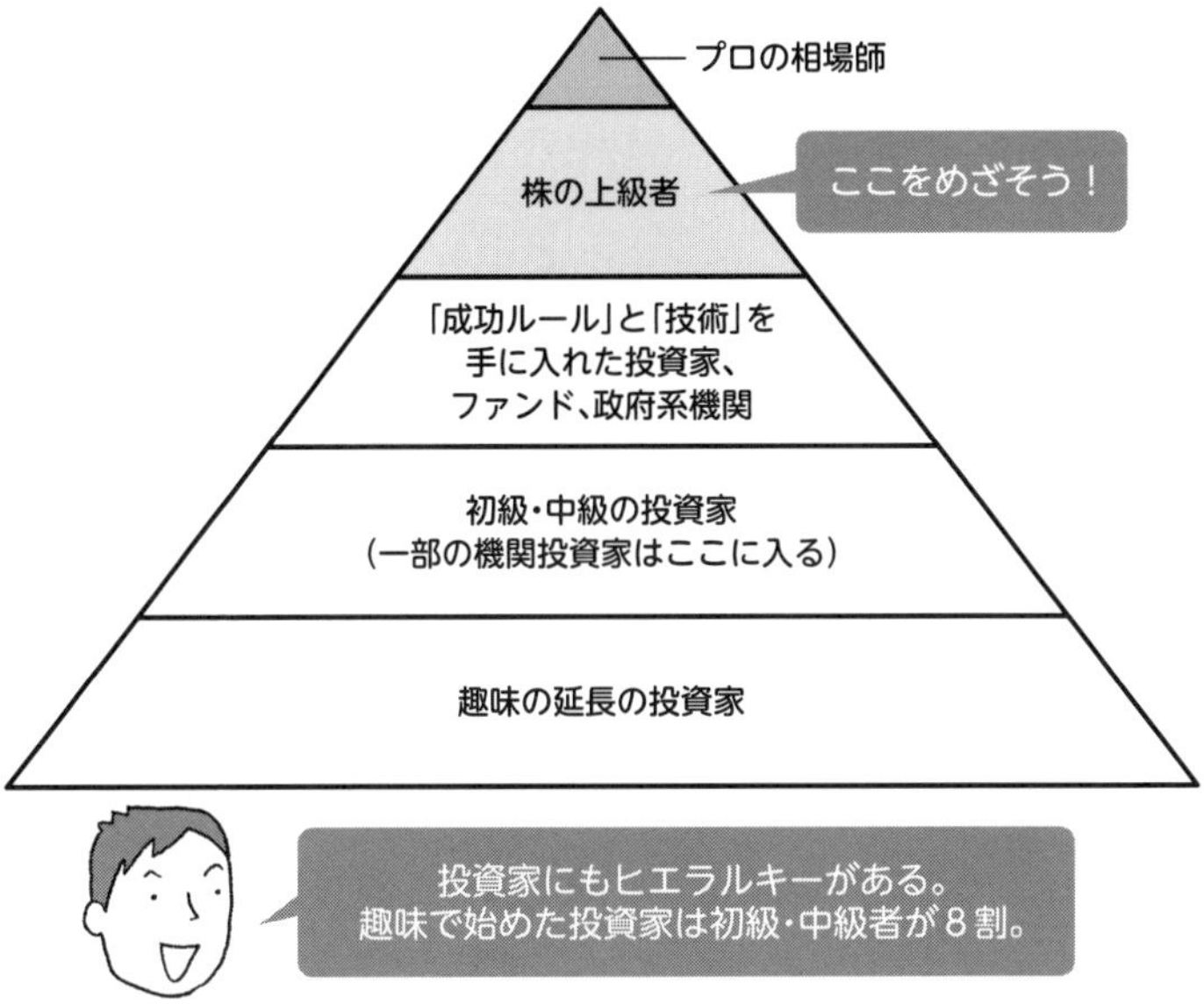

（３）勝つ感覚を繰り返し体に覚えさせること

（４）谷と山が交互にくることを知ること

（５）相場を甘く見ないこと

なかでも、（１）の「基本の売買技術」は、株で稼ぐためにはとても大切な要素です。

ただ、このように投資技術を高めましょうというと、難しい理論や考え方に走るなど多くの人が間違った認識をしてしまいます。そして、そのために多くの時間をかけたり、無駄な努力をしたりしてしまうのです。

2 難しい理論は捨てなさい——6つの基本知識だけで株はみるみる上達する

難しいこと、理論的なことを覚えるのは自由ですが、それだけでは勝てる投資家にはなれません。技術がないからです。

技術は、言葉では補えません。実践を通じて、それも繰り返しおこなったり、失敗から学んだりしなければ、身につかないからです。

相場における投資の技術とは、売り・買いの技法と自分のストライクゾーン、つまり買うべきタイミングまで十分引き寄せて「待つ技術」のことを指します。

チャートの波を泳ぎながら売買する実践的なスキル、買う・売る・待つの3スキルを組み合わせるだけで、打ち手は広がり、相場を有利に運ぶことができるのです。

とくに、自分でやっていて、しっくりくる売買の技術の組み合わせをもてるようになると、株で継続的に利益をだせる投資家に一歩近づくことができます。

そのほかの難しい言葉や多すぎる情報は、むしろ邪魔だ。そう感じたときに、はじめて技術の向上の重さに気づくことができるでしょう。

図表10 株の上級者になり1億円稼ぐための売買技術とは

経済新聞が読める……………………………………………………✕

財務諸表がわかる……………………………………………………✕

投資セミナーに参加している ………………………………………✕

お宝銘柄を知っている ………………………………………………✕

有名な相場のプロとつながっている ………………………………✕

とある情報サイトの会員である ……………………………………✕

買う・売る・待つ、の
実践的な3つのスキルを持っている ……………………………◎

株の技術に対して
間違った認識を
している人がほとんど。
勝つための本当の技術とは
何かを知りましょう

ただ、いくら情報はいらないといっても、売買の基礎的な知識ぐらいは、知っておかなければなりません。

そのため、本書では勝てる投資家になるために、ほんとうに必要な投資の知識だけを厳選して説明しています。

それは、次の６つです。

（1）チャート（ローソクチャート）
（2）上昇トレンド
（3）下落トレンド
（4）うねりと循環
（5）ボックス相場とサポートライン、レジスタンスライン
（6）騰落レシオ

はい、これだけ。

「え、たったこれだけ？」

そう思われた読者の方もいると思います。

しかし、知識は実践で使えなければ意味がありません。むしろ、多すぎる知識というのは、行動を鈍らせて、実践する力を損なう、大きな障害にもなります。

基礎知識だけでも株で勝つことはできる

実はアナリスト向きに開発された投資の言葉の９割が、このような理由から実践向きではありません。

第一、アナリストの大半は研究するのが主な仕事。私たちのように、自分たちの身銭を切って売買していません。仮に売買したとしても、知識だけで技術がともなっていなければ、勝つことは難しいでしょう。

有名な経営学の教授が会社を経営したら、数年で倒産させてしまったなどといったことはよくある話です。

仕事でもそうです。知識ばかり増えてしまった新人は、行動が二の次になりやすくないですか？

電話してアポイントを取って、クライアントから必要な情報を聞けばいいのに、もっと論理的な資料が必要だとか、効率的なやり方をしなければ結果がでるはずがない、といったことばかり考えて、なかなか行動に移せなくなる。

情報だけはたくさん入ってくる……。だから、シンプルに行動に移せず、迷いばかりに苦しめられるのです。

私は、一生かけても使い切れないような財産を築いて、すでにリタイアしているプロの相場師に、どうすれば勝てる投資家になれるかを聞き出そうと、何度か連絡を取り、お会いしたことがあります。ときには、なかば強引に、別荘までおしかけたりしながら。

そうしたプロの相場師が、

「いやー、今日はレジスタンスラインをきれいに超えたから、さっそくエントリーしたよ」

とか、

「ボリンジャーバンド的には、ファンダメンタルズが示すとおりこの銘柄は買いだね」

などと講釈を述べるのを、一度も聞いたことがありません。

エントリーなんて使わずに、買いで十分ですし、ボリンジャーバンドなどの専門用語は、なんとなくしか意味がわかりません。

それぐらいの基礎知識だけでも、1億円以上の資産はつくれます。

3 大切なのは、知識や理論ではなく、本当に使える「実践知」

アナリストや人気集めの投資評論家ほど、残念ながら、こうした難しい言葉を使いたがります。

彼らは、レポートやブログを書かないといけない。つまり、書くために必要なのです。チェックする上司の印象も良さそうですし、そのとおりに実践する必要もないからです。

……これ、かなり辛口ですよね。はい、自分でもそう思います。

ただ、私は皆さんには、本当に勝つための知識だけを蓄えてもらいたいと思っています。誰だって、嫌われたくありません。それは、私も同じです。

一方で、こうしたことをゼロから教えてくれる株の実践者は、むしろ少数です。だから、あえて真実を述べているのです。綺麗ごとを抜きにした話をしています。それが、勝てる投資家への近道だからです。

繰り返しになりますが、株の上級者ほど、その手法はとてもシンプルです。そして、自

分ができる売買に徹しています。

ぜひ、そのことだけは肝に銘じておいてください。

さて、前置きが長くなりました。

それでは、活用の方法を加えながら、各ワードの説明をしていきましょう。

（1）チャート（ローソクチャート）

チャートは、おそらく投資家が目にすることが一番多いワードです。

チャートはその銘柄の需要と供給をあらわしています。需要は、株価として数値化できます。買う人が多ければ数値は上がりますし、逆に、売る人が多ければ数値は下がります。

折れ線チャートは、その日の値を中心に、値動きのジグザグがはっきりとわかります。

一方で、その日、どれぐらいの値幅で取引されたのかがわかりません。もしかしたら、大きく売られたあと、一気に取引開始時の株価に戻るような、異常な動きがあったかもしれません。

ローソクチャートは、わかりやすくいえば、その銘柄の需要の高低差の移り変わりを、視覚的に見やすくしたもの。

図表 11 一般的なローソクチャート（日経平均チャート）

（日足）

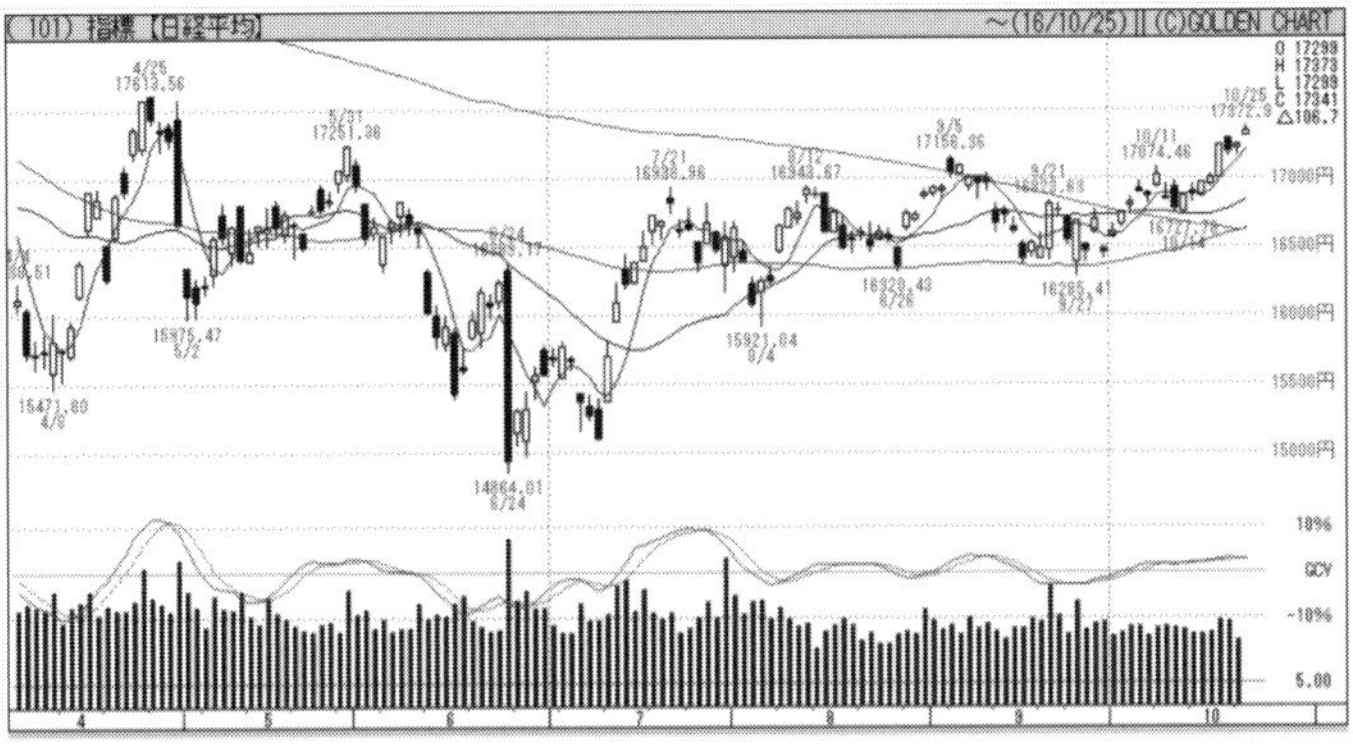

出所：ゴールデン・チャート社

図表 12 白いローソクと黒いローソク

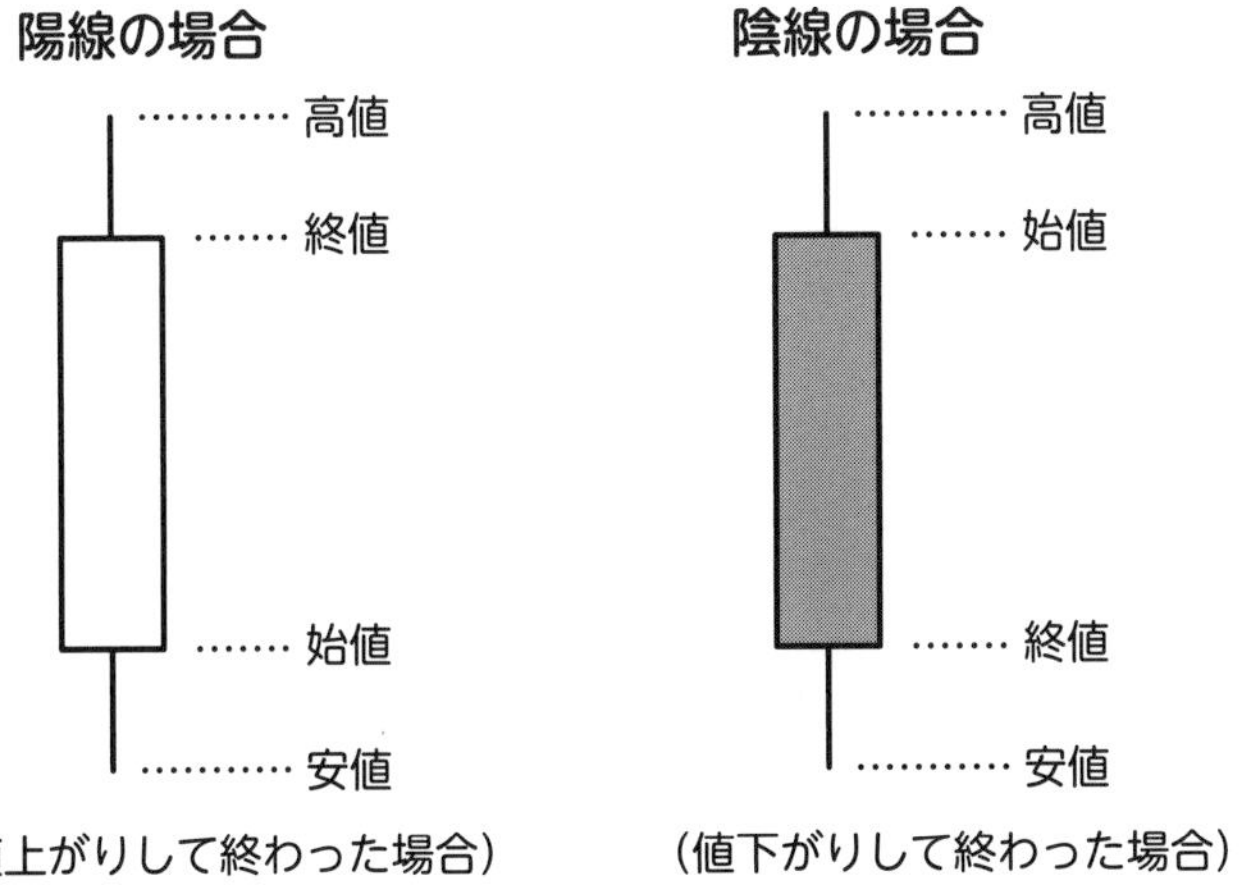

図表13 急騰のローソクと暴落のローソク

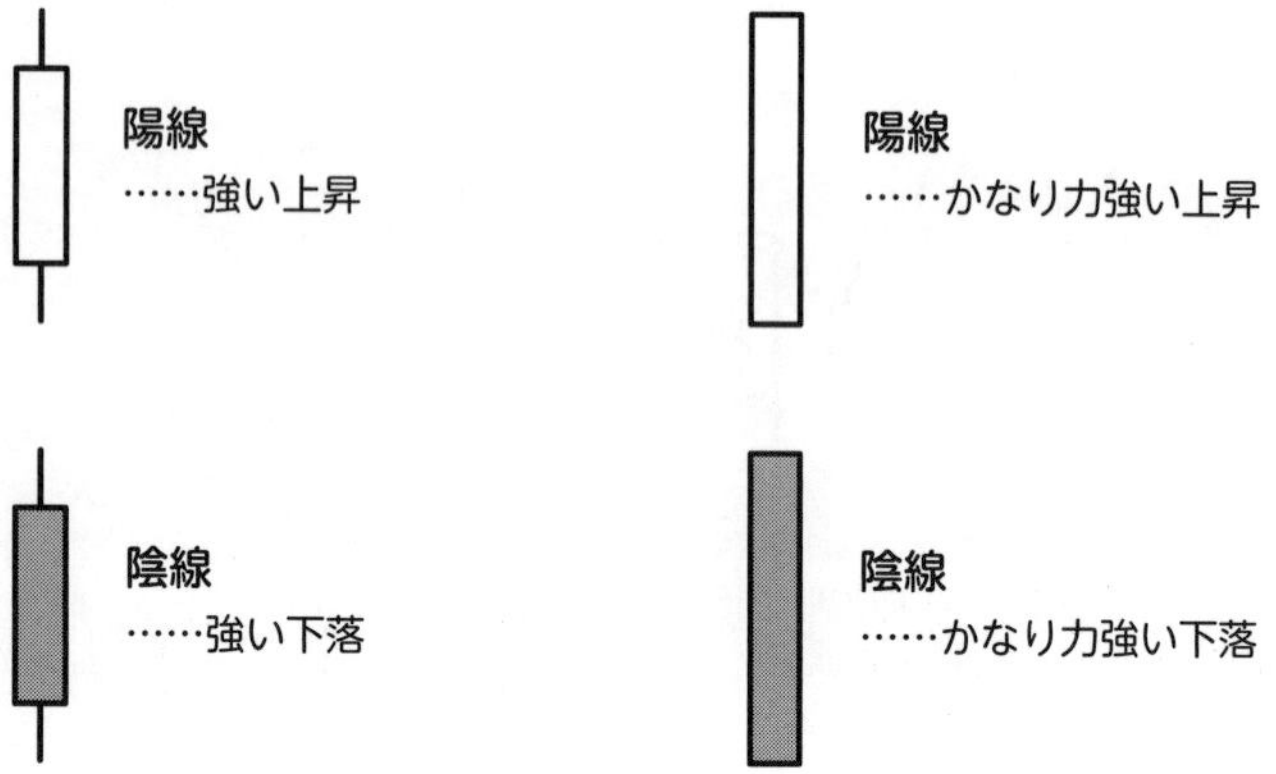

ローソク型にすれば、その一番安かった株価と、一番高かった株価を、77ページの図表12のような、ブロックのような図形にして表現することができます。

また、上昇して終わったのなら、白いローソク（陽線）、値下がって一日を終えたのなら黒いローソク（陰線）とすることで、変化の流れもわかります。

この動きを毎日あらわしたのが**日足**《ひあし》、週ならば**週足**《しゅうあし》、月ならば**月足**《つきあし》といいます。

ちなみに、本書では初心者でもわかりやすいよう、各種類のチャートを以下のように定義しています。

・日足……うねりを知る

1日分をローソクチャートとしたもの。

3ヶ月、あるいは6ヶ月が一区切りとなる株価の「うねり」を掴むのに便利です。

・週足……上下幅（ボックス圏）を知る

1週間分をローソクチャートとしたもの。5年程度の株価の「上下幅」の傾向を知るのに便利です。

・月足……大きな流れ、循環を知る

1ヶ月分をローソクとしてチャート化したもの。株価というよりも、ひとつの流れとして「循環」を掴むのに使います。

折れ線チャートとローソクチャートのどちらを使うかは、あなたが何を知りたいかによって変わってきます。目的によって手段が変わるのと一緒です。

ですから、一概にどちらが良いとはいえません。

ちなみに、私は日頃から、値の区切りの動きがよくわかるという理由で、日足のローソクチャートを使っています。

図表14 株の動きがわかれば、買う・売る・待つのタイミングがわかる

（新日鐵住金、週足）

株価は一定のリズムで上昇トレンド、ボックス圏トレンド、下降トレンドを繰り返す。

出所：ゴールデン・チャート社

（2）上昇トレンド

人気が出たり、業績がよかったりして、株価が上がり続けている状態を上昇トレンドといいます。その場合、チャートはジグザグを描きながら、図表14の左側のように右肩上がりにのぼっていきます。

（3）下降トレンド

反対に、需要が減り、人気がなくなり株価が下がり続けるようになると下降トレンドとなります。その場合、チャートは図

表14の右側のように右肩下がりに下がり続けます。

（4）うねりと循環

このように、株価というのは、日経平均だろうと個別の銘柄だろうと、上にいったり下にいったりと、たえずジグザグの動きを繰り返します。

だいたい、３ヶ月で一区切り。６ヶ月あるいは９ヶ月で１つのうねりとして、谷と山が形成されることが多いようです。

これが重なって集まり、５年から7年ほどをかけて、大底から頂上までの循環が形成されます。

ひとつの銘柄だけが、独自色を強めたり、急に人気を集めたりして、大きな循環を演じることもあります。しかし、たいていは日経平均全体の動きに合わせて、大相場がつくられます。

ちなみに、循環入りすると、相場は大きいものだと株価が4倍から5倍になります。時価総額の安い銘柄では、その分、値が軽く、買いが集まると一気に10倍以上になることもあります。

図表15 うねりと循環とは何か

(月足)

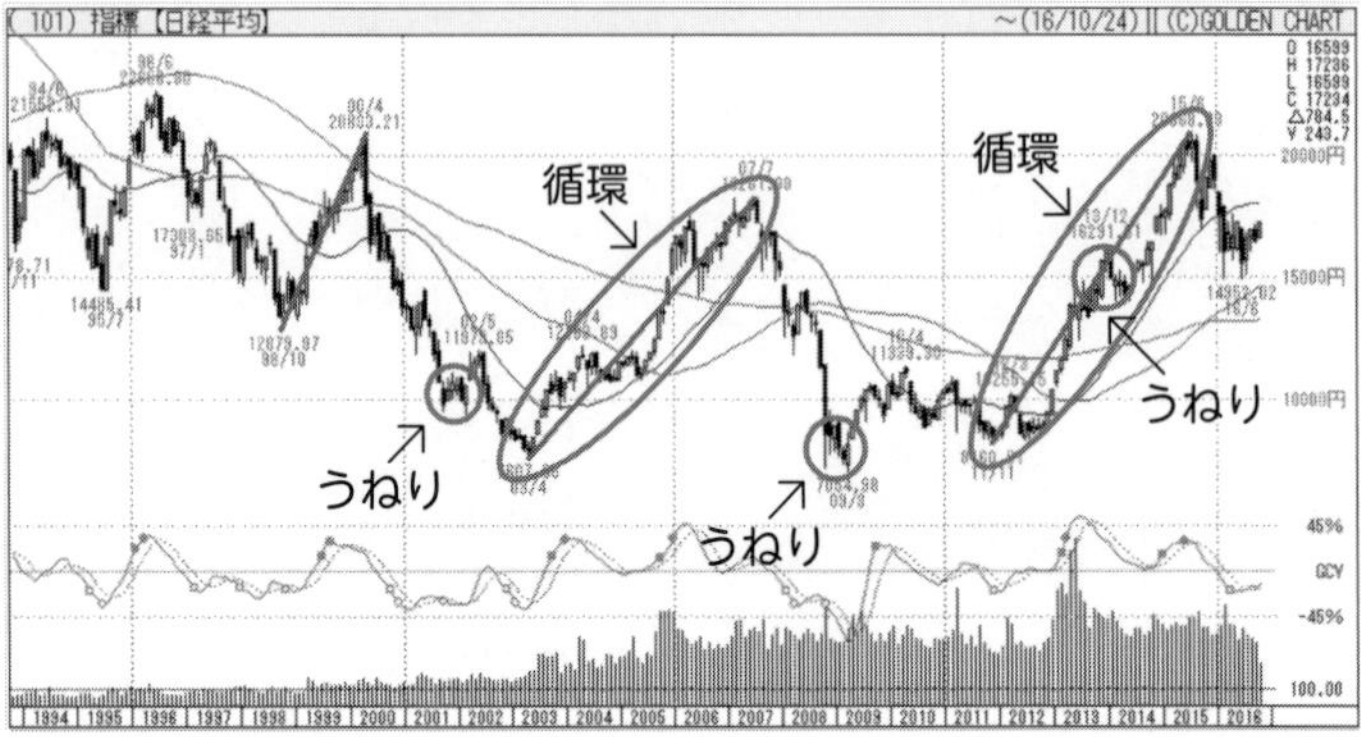

出所：ゴールデン・チャート社

こうして、大相場となって大きく跳ね上がった銘柄も、不思議なもので、数年かけて元の位置に戻ってきます。

第2章でも詳しく説明しましたが、株の上級者のように安定的に利益を生みだすには、このうねりと循環、2つのタイミングのサイクルを上手に利用します。

(5) ボックス圏とサポートライン、レジスタンスライン

大きく跳ね上がるまで（あるいは下値を切り下げるまで）、株価はある一定のうねりのあいだを上下することがあります。エネルギーを溜め込んでいる状態ともいえるでしょう。

図表16 **基本的なボックス相場の動き**

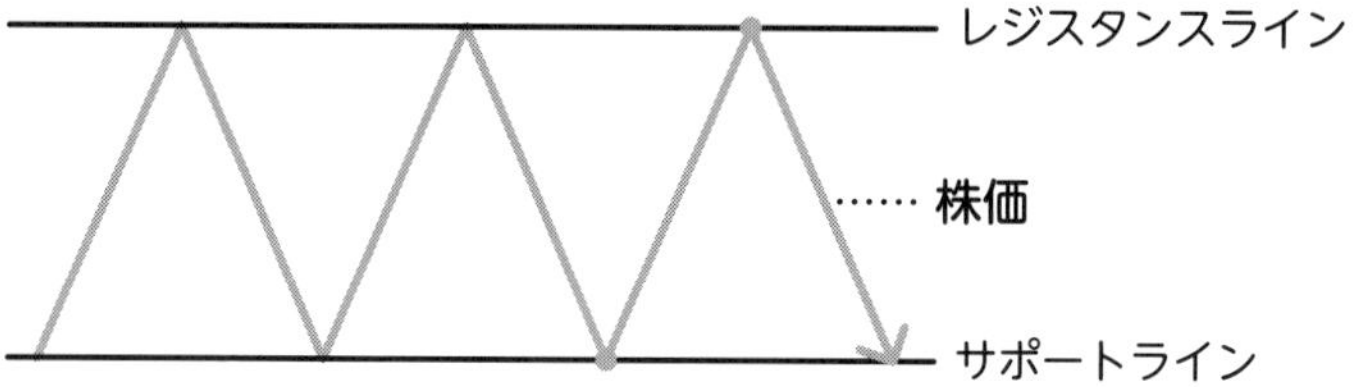

そのようなチャートをボックス相場といいます。

ボックス相場は、実際にはよく見かける相場です。とくに、安定期に入ると、銘柄は上か下に向かうまで、３ヶ月周期（90日）、あるいは６ヶ月周期（１８０日）をひとつのサイクルとして、際限なく上下運動を繰り返すようになります。

その期間は、長いものだと2年以上も続きます。

なぜ、株価がこのような動きをするのかは諸説があります。

私は、上への期待と、下への恐怖が入り混じり、人の欲望がどっちつかずで、うねって見えている、と考えています。

そして、このとき、株価が反転をするラ

図表17　3ヶ月で上昇と下降を繰り返す ボックス相場を形成 （大同特殊鋼5471）

（週足）

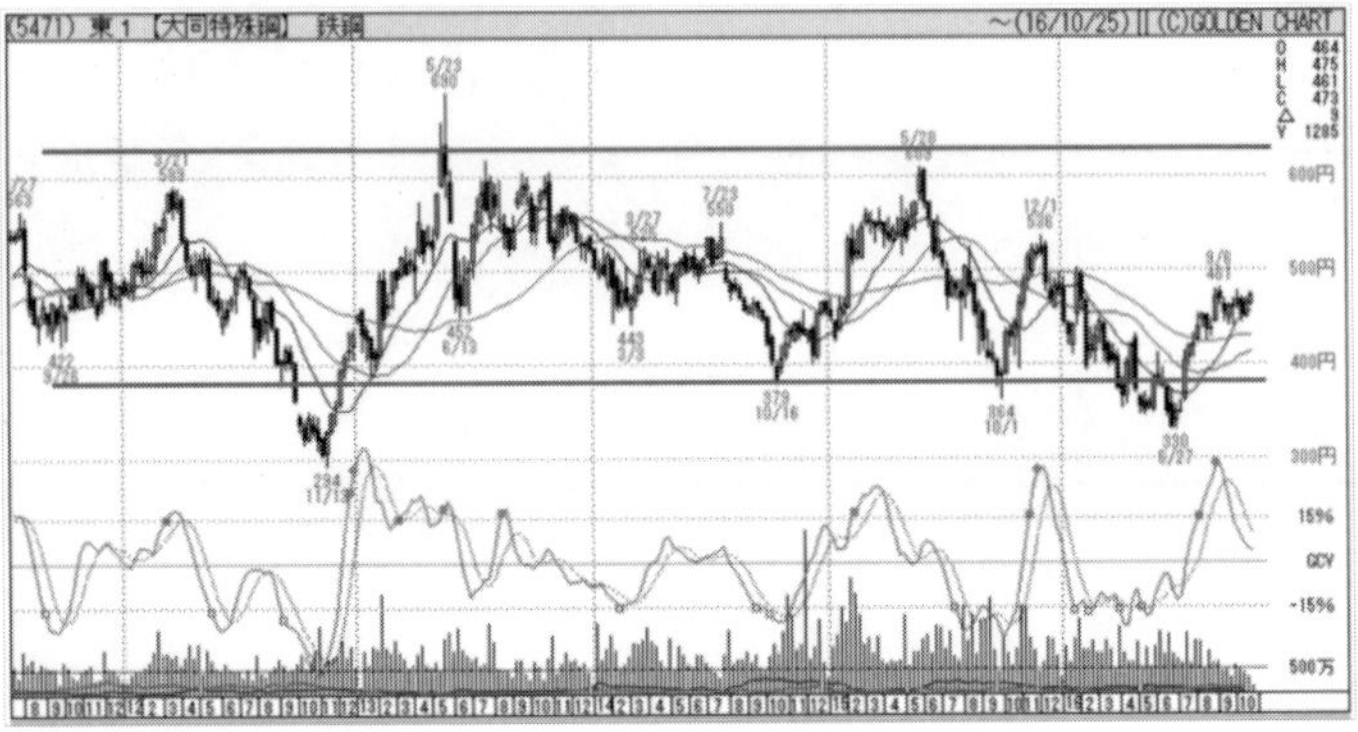

出所：ゴールデン・チャート社

イン。これを、サポートラインといいます。

図表17のチャートは、大同特殊鋼の株価の動きです。

下のサポートラインと上のレジスタンスライン（太線）をはさんで、きれいにリズムよく、3ヶ月周期でいったりきたりしているのがわかります。

このようにエネルギーを保ちながら、株価はサポートラインとレジスタンスラインを超えずに、下抜け、あるいは上抜けするタイミングを待ちます。

こうして、いよいよ上抜けすると、今度はその銘柄の新しいボックス圏へと移ります。逆に下抜けすると、ひとつ下の階層へと、ボックス圏は移動してしまいます（図表18参照）。

図表18 二段跳び三段跳びで株価が上昇することも（山陽特殊製鋼5481）

（週足）

出所：ゴールデン・チャート社

もちろん、このような規則的な動きをしない銘柄もあります。

図表18の銘柄は、同じ鉄鋼株の山陽特殊製鋼です。

私の好きな銘柄のひとつですが、図表17のように安定的にボックス相場をつくらず、ときには二段跳び、三段跳びで株価が移動する場合もあります。

（6）騰落レシオ

最後は、騰落レシオについて説明します。

あまり専門的なテクニカル手法は使わない私ですが、騰落レシオだけは別です。

市場に参加する投資家がどう考え、行動

しているかを判断する、非常に優れた指標です。
この騰落レシオだけは、便利なので覚えてしまいましょう。

騰落レシオは売られすぎ、買われすぎを判断する指標

騰落レシオは、一言でいえば「市場の過熱感」です。

具体的には、その日に値上がりした銘柄数と、値下がりした銘柄数の比率をあらわした指標です。

その数から投資家の強気と弱気がわかります。目に見えない感情をあらわしていて、売られすぎ、買われすぎ、を判断する便利な指標になります。

一般的には、**120以上で買われすぎ、80以下で売られすぎ**となります。

使い方としては、120を超えはじめたら、注意が必要です。

市場の過熱感が高まりすぎている可能性があるからです。そうした場合は、私は暴落に備えて、利益が乗っている銘柄は、長持ちせず売る準備をはじめます。

逆に、80を下回りはじめたら、今度は売られすぎのサイン。誰もが弱気になっているということは、そろそろ株価が下がりすぎだともいえます。そのため、市場が反転するタイ

ミングが近づいていると予想します。

ただ、買われすぎの判断は、売られすぎのサインよりも難しいという特徴があります。実際、１２０以上を１ヶ月近く続ける場合もあります。

私は１２０を7日前後達成したら、そろそろ暴落が近いと判断しています。このように、買われすぎについては、目安を自分なりに研究することを推奨します。

なお、騰落レシオを知りたい方は、無料で次のサイトで閲覧できます。株価の買いどき、売りどきの判断の材料となるはずです。参考にしてみてください。

※ＵＲＬ：http://nikkei225jp.com/data/touraku.html

4 知識や情報を売買の技術に変えていくテクニックとは

ここまでで、本書で紹介する投資技術を習得するための、基本的なワードを紹介しました。ほかにも、投資家として必要な知識はあります。しかし、本書でそれをすべて解説することは不可能です。

また、そうした情報の大半は、実践を通じて身につけてこそ、はじめて使える知識となります。**あらゆる知識や情報は、あなたが実際に活用できるレベルになってこそ、その有効性を発揮します。**

それが、どんなに優れたものであってもです。そこに価値があるかどうかを判断するには、あなたに経験が必要です。最終的に自分自身が納得して、それを技術として使ってこそ、実践力が身につくからです。

さて、ここまで、稼げる投資家になるためのルールと、基礎的な知識について説明してきました。

次章からは、いよいよ勝つ投資家になるために必要な、「うねりチャート底値買い」「分割売買」「銘柄をロックオン」の３つの技術と、その習得方法の解説をしていきます。

売買の技術とは、積み上げと繰り返し。

読んで知るだけでなく、巻末に掲載した私の取引記録を参考にしながら、実際にやってみて、ぜひとも実践力を身につけてください。

第３章まとめ

◎株で勝つためには、５つの基本姿勢がある。

◎（１）投資家として基本の売買技術を身につけること、（２）銘柄を絞り、得意な銘柄をつくること、（３）勝つ感覚を繰り返し体に覚えさせること、（４）谷と山が交互にくることを知ること、（５）相場を甘く見ないこと。

◎大切なのは、難しい理論を覚えることではなく実践知を身につけること。

第4章

株の勝者だけが知っている勝利の方程式をマスターしよう

1 一度に買わずに、同じ銘柄をいくつかに分割して売買する

つい先日、3年前に株をはじめたばかりという女性の経営者に会いました。話を聞いてみると、トータルで利益を出しているといいます。

数ヶ月前にあった、世界同時の暴落相場にも耐えて、そのときのマイナスもすべて取り返したといいます。

私は少し興味をもち、どのような売買をしているかを聞いてみました（ちなみに、読者のみなさんは、その女性がどのような回答をするか想像してみてください。もし正解すれば、儲かる投資家としてのセンスがあると思います）。

すると、案の定というか、彼女はこう答えたのです。

「どんなに気に入った銘柄でも、怖いから一度に買わずに、同じ銘柄を数回に分けて買っています」

その方のトレード歴は、まだ、かなり浅いほうです。しかも、父親の遺産がたまたま手に入り、そのまま銀行預金として眠らせておくのはもったいないという気軽な気持ちではじめたといいます。

具体的にトレード方法を習ったわけでも、株の本を読んで研究したわけでもありません。それでも、株の上級者と同じ売買手法ができていることに、私は驚きを隠せませんでした。

私はがぜん興味がわきました。

さらに、なぜ数回に分けて売買してみようと思ったのですか、とたずねてみました。

すると、そのあとの彼女の答えは、ほんとうに素直で、欲のない、純粋なものでした。

「だって一度に買って、そのあと下がったら、ほかに対処のしようがないじゃないですか」

「対処する方法がなくなると、困るのですか?」

「ええ。私は他にギャンブルはやらないし、夫の目を盗んで休日にこっそりやる株取引を、けっこう楽しんでいます」

「趣味と実益をかねているのですね」

「だから、資金を一度に使いはたして、次にやることがなくなってしまうと、とてもつまらなく感じてしまうんです」

そういって、彼女はいたずらっぽく、首をすくめてみせます。

「でも、A証券の営業部長さんには煙たがられていると思います。わざわざ役員同伴でこられましてね。今がぜったい買い時だからと、いくら強引に勧められても、少しずつしか買わないいんですから」

最初にマスターするべき、勝つ投資家になるための技術とは

さて、ここまで読まれて、あなたはどう思いましたか。

こんな投資の仕方じゃ、儲かるわけがない。せっかく教えてもらった買いチャンスをみすみす逃すなんて、もったいなさすぎる。

大半の投資家は、そう思われるはずです。

実際、彼女は何度もビッグチャンスを逃してきたといいます。

それでも、大きな失敗もせず、３年近くも勝ち続けています。

もちろん、たまには損することもあると思います。それでも、トータルで見れば連勝、連勝、また連勝です。

まわりの投資家は、ほとんどがトータルで負け続けている可能性が高いわけですから、これはすごいことです。

いったい、彼女とほかの投資家との違いは、なんだったのでしょうか。

それは、彼女が無意識のうちにはじめていた、売買の手法そのものにありました。

どんなにビッグチャンスだろうが、一度に買わずに、同じ銘柄をいくつかに分割して買う。それは、株の上級者も実践する有効な投資手法なのです。

そして、それこそが、まずあなたが最初にマスターするべき、勝つ投資家になるための技術でもあるのです。

2 どんなチャンスも勝率はつねに半々だと思え

株の上級者やプロの投資家は、どのようなチャンスがあっても、一度に株を買い込みません。

理由はいくつかあります。

なかでも、とくに重要なのが、相場はつねにチャンスとリスクが半々だということです。

その株が値上がりするか、値下がりするかは、あなたではなく、あなた以外の投資家の動きによって決まります。

自分にとってはチャンスでも、相手にとってのチャンスではないかもしれません。

とくに、相場というのは、ゼロサムゲームです。

すでに紹介したように、心理戦をふくんだポーカーゲームと同じです。

あなたの心理の裏を読んで、その予想をくつがえし、損をさせて負けさせなければ、ほかのプレイヤーは勝つことができない。いわば、こうした財産争奪ルールのゲーム盤の上に株式投資は成り立っています。

そう考えると、あなたが買いどきだと思うときほど、他の投資家がワナを仕掛けやすいベストなタイミングだということ。

それを仕掛けているのが、大口の投資家や金融機関だとしたら、予想もつかないしっぺ返しを食らうかもしれません。

では、その裏の裏をかこうとして、かならず勝てるタイミングを待っていればいいのかというと、そういうわけではありません。**許容できる範囲でリスクを負わなければ、今度はいつまでたっても欲しい銘柄を買うことができません。**

では、どうするか。

売買の技術で、勝つチャンスだけでなく、負けるリスクもコントロールするのです。

「うねりチャート底値買い」「分割売買」「銘柄をロックオン」は、私が成功と失敗の投資経験から編み出した、非常に勝率の高い売買技術のことです。

といっても、もともとは、それに近い投資の技術というものはありました。

たとえば、アメリカやヨーロッパの著名な投資家たちは、これと似たような投資手法を、すでに大昔からはじめています。

もちろん、直接彼らに会って話したことはありませんし、論文などを読んで研究したわけでもありません。それでも、多くの書物を読んだ経験から、間違いありません。

彼らはこの技術の応用、変則により、巨万の富を築いて、経済を牛耳ってきたはずなのです。その技術の良いところだけを、現代風にアレンジして取り入れたのが、この「うねりチャート底値買い投資術」です。これならPCやモバイルなどを活用しながら、忙しいサラリーマンや主婦でも、時間やリスクをかけずにプロの相場師と同じように売買ができます。

勝てない投資法から脱却しよう

でも、ここで、ひとつの疑問がわきますよね。

なぜ、そんな有益な技術を、今まで読者であるあなたが知らなかったのか、という疑問です。これに対する理由は、驚くほどかんたんです。

あなたに勝ってもらっては、困るからです。

多くの市場参加者のなかで、あなたの成長を応援してくれるのは、ごく一部の人間だけです。ポーカーゲームのルールを知っていれば、わかりますよね。

あなたの成長は、より強い投資家の不利益になります。

だから、株の上級者たちは、そうした技術的な話を、これまであまりしたがらなかったのです。

では、私は、ただのお人好しなのでしょうか？

たしかに、私はよく人がいいといわれます。しかし、投資家の立場から見れば、私も同類です。

もし、私が投資の利益だけで生活をしていたら、同じようにスキルを自分だけのものにしようとしていたかもしれません。

しかし、幸運なことに、私は経営者としてもそこそこ成功しています。東京の一等地にオフィスもかまえています。

そうした社会的な余裕が、あなたに本当の技術を伝えたいという欲求に至ったというのは、事実としてあります。

いくら勉強熱心な方でも、負ける方法を学び続けていては、いっこうに勝てるようにはなりません。頭の切り替えが必要です。これまでの勝てない投資法からの、根本的な脱却が必要なのです。

3 株で1億円を稼ぐ技術とは全部でたった3つだけ!?

それでは、「うねりチャート底値買い」「分割売買」「銘柄をロックオン」の具体的な手法について解説しましょう。

主に、4つのパートに分けて解説します。

(1) うねりチャート底値買い
(2) 分割売買
(3) 銘柄をロックオン
(4) 3つのスキルの組み合わせ

では、さっそく見てまいりましょう。

4 うねりチャートを武器にできればどんな荒波も泳いで渡れる

まず、うねりチャート底値買いについて。

……と、その前に、前章までのおさらいを少しだけさせてください。

みなさんにはチャートはつねにジグザグに動きながら、3ヶ月または6ヶ月の周期で上下運動を繰り返すということをお伝えしました。

この、90日から180日のチャートの規則的な動きを、「うねり」と呼びました。そして、サポートラインとレジスタンスラインに挟まれて、その範囲を上下することも思い出してください。

次ページの図表19は、そのボックス相場がよくあらわれているチャートです。

船井電機（6839）のチャートをよくご覧いただくと、上値1500円のレジスタンスラインで売り圧力が増していることがわかります。

前回、この地点で折り返しているため、多くの投資家にとってこれ以上は未知の領域で

図表19 船井電機(6839)のチャート

(週足)

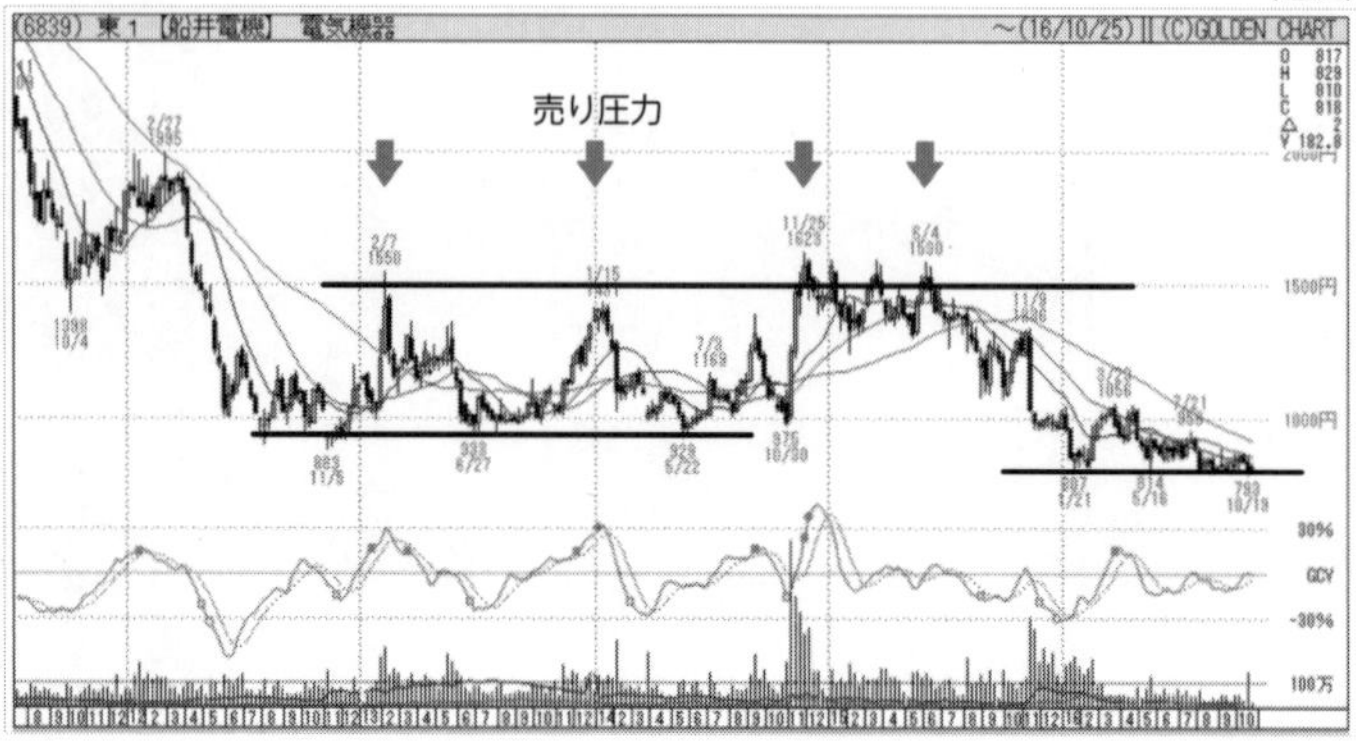

出所：ゴールデン・チャート社

す。

また、高値で買って損をしている投資家が、売り場を待っているのも、ちょうどこのあたりです。そうした損失を抱えた投資家が売り浴びせてくる確率が高いため、このあたりから上昇しにくいだろうなという思惑が、投資家の間には広がります。

すると、どうなるか。

投資家の心理をチャートは見事に反映するのです。

つまり、今度は下に向かって下降をはじめます。そして、次は下値800円から900円のサポートライン付近で、同じようなことが起こります。

買いが増えはじめるのです。

これ以下は未知の領域で、このあたりで

売られすぎだと感じる投資家が増えはじめるためです。だったら、今のうちに買っておけ、という心理を、チャートが反映しはじめます。

チャートは投資家の心理状況をあらわしている

このように、案外チャートというのは、政治、経済、企業の財務面ばかりを反映しているように見えて、実は投資家の心理状況をありありと描いているということが、おわかりいただけるのではないでしょうか。

とくに短期のチャートは、企業の業績よりも、投資家の心理が色濃く反映されるものだということを、ぜひ覚えておいてください。

企業業績や政府の政策が完全に反映されてくるのは、多くは月足です。

心理と業績の両方を捉えたいなら週足。と、このように、それぞれのチャートを使い分けていくのです。

5 継続して勝つことができなければ投資家として生き残れない

「うねりチャート底値買い」とは、このボックス相場のジグザグの動きを利用して稼ぐ方法です。

実際、株歴20年以上の、株の上級者やプロの相場師でも活用している、実践的な投資の技術です。

そして、おそらく初・中級者がもっとも安全に、継続して利益を生み出すのに適した方法でもあると考えています。

とくに、この「継続して」という考え方が非常に大事です。

ほとんどの投資家が短期では勝てるのに、中長期では勝てていない事実にも、私たちはもっと目を向けるべきでしょう。

いや、むしろ負け越しているといっても過言ではありません。

それは、なぜでしょうか。

実は、答えはかんたんで、なぜ勝てているか、自分でもよくわかっていないからです。理由がわからなければ、勝ちを再現できません。

一方、なぜこのうねりチャート投資法なら、勝つ投資家になることができるのか。その理由は、大きく５つあります。

（1）動きが規則的でとらえやすい
（2）下値が予想できるから心理的な負担が少ない
（3）難しい投資判断がいらない
（4）利益を拡大しやすい
（5）初・中級者の技術習得に向いている

それぞれ、とても大切なポイントとなります。具体的に説明していきましょう。

（1）動きが規則的でとらえやすい

うねりチャートを利用する最大のポイントは、動きが予測しやすいという点です。

山がくれば谷がくる。谷の次には、また山がくる。と、このように、チャートというのは何度もうねりを刻みながら、ボックス相場のなかでジグザグに動きます。

それは、見ていて、まるでルールに縛られて動いている、なにかの生き物のようです。

この、チャートが持つ規則性を利用したほうが、先々の動きが予測しやすく、安定して稼ぎやすくなるのは当然のことです。

(2) 下値が予想できるから心理的な負担が少ない

実際の銘柄は、周期的にボックス相場をとっているものだけに絞って選びます。

上下のサポートラインとレジスタンスラインに挟まれて、一定のリズムを刻みながら、しっかりと下値を固めているチャートが理想です。

とくに、下値のサポートラインががっちりと固定されている銘柄を選びます。

そうした銘柄は、不思議なほど、下値付近まで近づくと跳ね返されます。そして、今度は上昇をはじめます。

こうしたジグザグの谷と山の動きを、3ヶ月、6ヶ月、あるいは1年という周期で続けている銘柄であれば、ピンポイントは不可能ですが、おおよそのストライクゾーンとしてなら下値を予想できます。そのため、買っても下がり続けて損するのではないかという心理的、精神的な負担を軽減できます。

(3) 難しい投資判断がいらない

動きの予測ができてしまえば、あとはそのうねりに逆らわず、上がりそうなタイミングで買いを入れていくだけです。

そのため、投資の際の難しい判断もいりません。

当然、プロの相場師さえ使わないような、アナリストの重箱の隅をつつくような情報の分析や、難しいトレード用語も覚える必要はありません。

(4) 利益を拡大しやすい

うねりチャートを利用した分割売買には、ひとつだけ大切な運用ルールがあります。

それは、その銘柄にとって、できれば図表20のように、**もっとも最下層となるステージにあるボックス相場で、うねりの状態にある銘柄に限定して、株を購入するということ**です。

うねりが規則的な銘柄は、3ヶ月、6ヶ月、あるいは1年と、ボックス相場のステージを変えながら上下に移動していきます。

そうして、2年から3年かけて相場の山を描くと、同じように数年かけてブーメランのように元の位置まで戻ってきます。

うねりチャートによる分割売買では、なるべく最下層に近いステージにある銘柄を探しだして投資をします。そのほうが、売買を有利に展開できるからです。ほぼ下げ切っているのだから、さらに株価が下がる可能性が低いと予想できるからです。

また当然、上昇に転じた際の上昇率も、他の銘柄より大きくなります。

(5) 初・中級者の技術の習得に向いている

私はスポーツ少年でした。

小学校はサッカー、中学校はバスケ、高校に入ると空手、社会人になるとボクシングを

図表 20 ボックス圏にも何段階かのステージがある

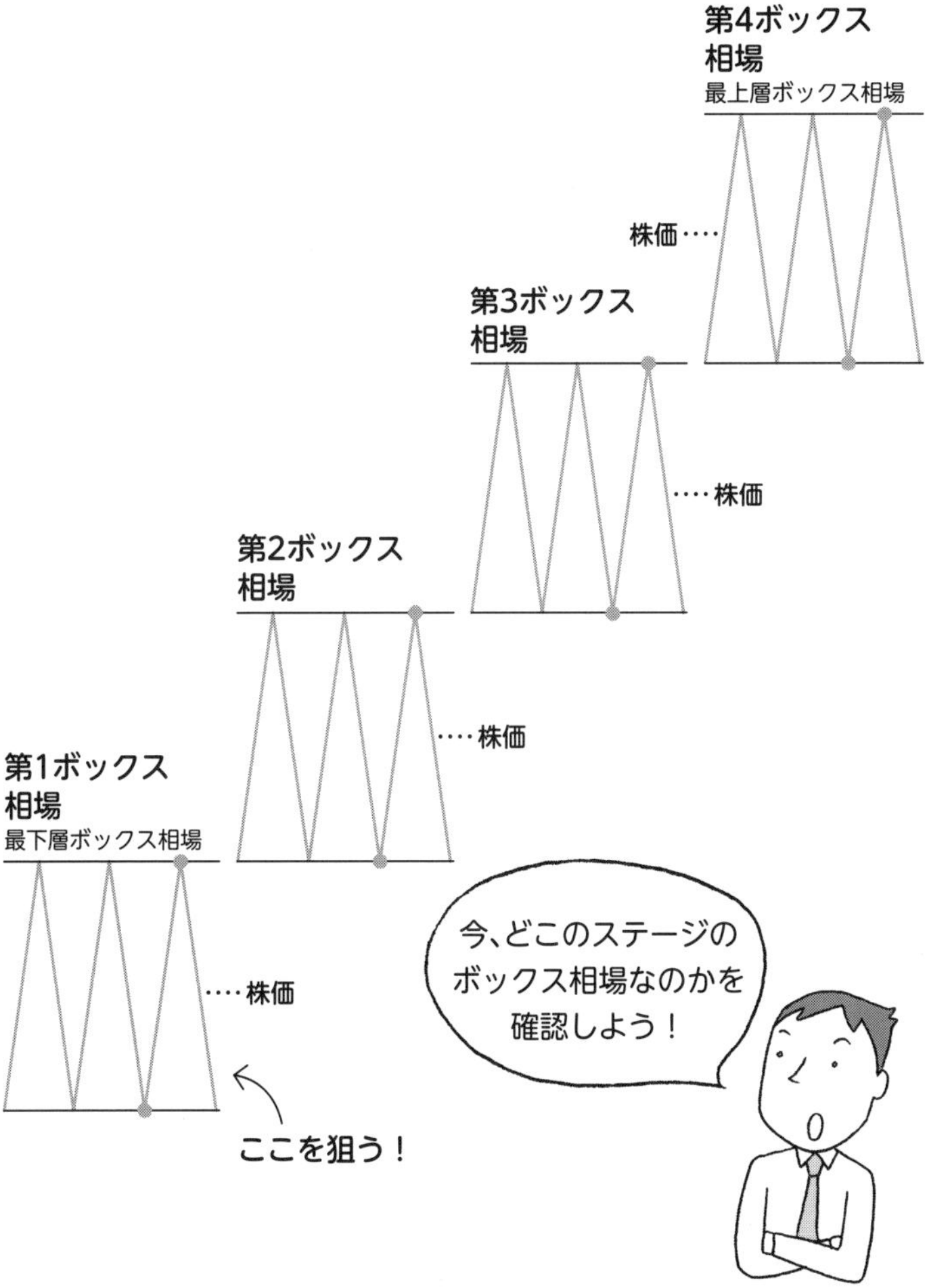

はじめました。そんなスポーツで大事なことはなんでしょうか。

顧問の先生やトレーナーからしつこく言われ続けたこと。それは、基礎の反復です。

バスケではランニングシュート、空手なら正拳突き、ボクシングならワンツーです。

まずは、これらの動きを確認する基礎の訓練から、部活やトレーニングをスタートします。基礎をないがしろにして、上達はありえません。**上達とは基礎の反復によって、はじめて手に入るものだからです。**

株の売買も、これと同じです。

実際にやってみて、反省して、改善点を探してみる。昨日より少しでも上達しようと、そこからもう一度、改善を重ねて、工夫を加えながら反復する。

そうすることで、少しずつ、少しずつ、上達していきます。

結果、より高度な動きができるようになり、さらに複雑な動きができるようになるのです。

6 チャートの法則性を知るだけでなぜ、負けなくなるのか？

うねりチャートを活用した投資法は、ここまで紹介してきた理由からもわかるとおり、早期の基礎技術の習得に適しています。

もっとも、基礎の訓練に適しているからといって、儲からない手法では意味がありません。

この投資法のよいところは、それが株の上級者ほど実践で取り入れている、非常に勝ちやすい技法であるということです。

実際、私はこの投資法で、わずか5年で1億円の資産を手に入れています。

うねりチャート底値買いの具体的なやり方

うねりチャート底値買いの具体的な技法そのものは、それほど難しくありません。

むしろ、とてもシンプルで、理解しやすい方法だといえます。

やり方としては、まずはボックス相場で、「うねり」となっている銘柄を探します。そのとき、なるべく下層のボックス相場圏に放置された銘柄を選ぶようにしてください。

なぜ、下層のステージにあるものを選ぶのかは、もうおわかりですよね。下がっても精神的な負担が少ない。上昇率が高い。以上の2つが、その理由です。

図表21のチャートは、大平洋金属（5541）です。うねりチャートのお手本のように、3ヶ月あるいは6ヶ月の周期で、うねりを続けているのがわかります。

下値のサポートラインは、太線で示した280円前後です。ここで、しっかりと株価を支えています。

まず、急いで買いを入れる前に、この、うねりのリズムを十分に理解して、体に覚えさせましょう。買いを入れるのは、うねりがもっともサポートラインに近づいたタイミングです。ここで反転する確率が高いためです。

図表21 うねりチャートのお手本のような大平洋金属(5541)の動き

（日足）

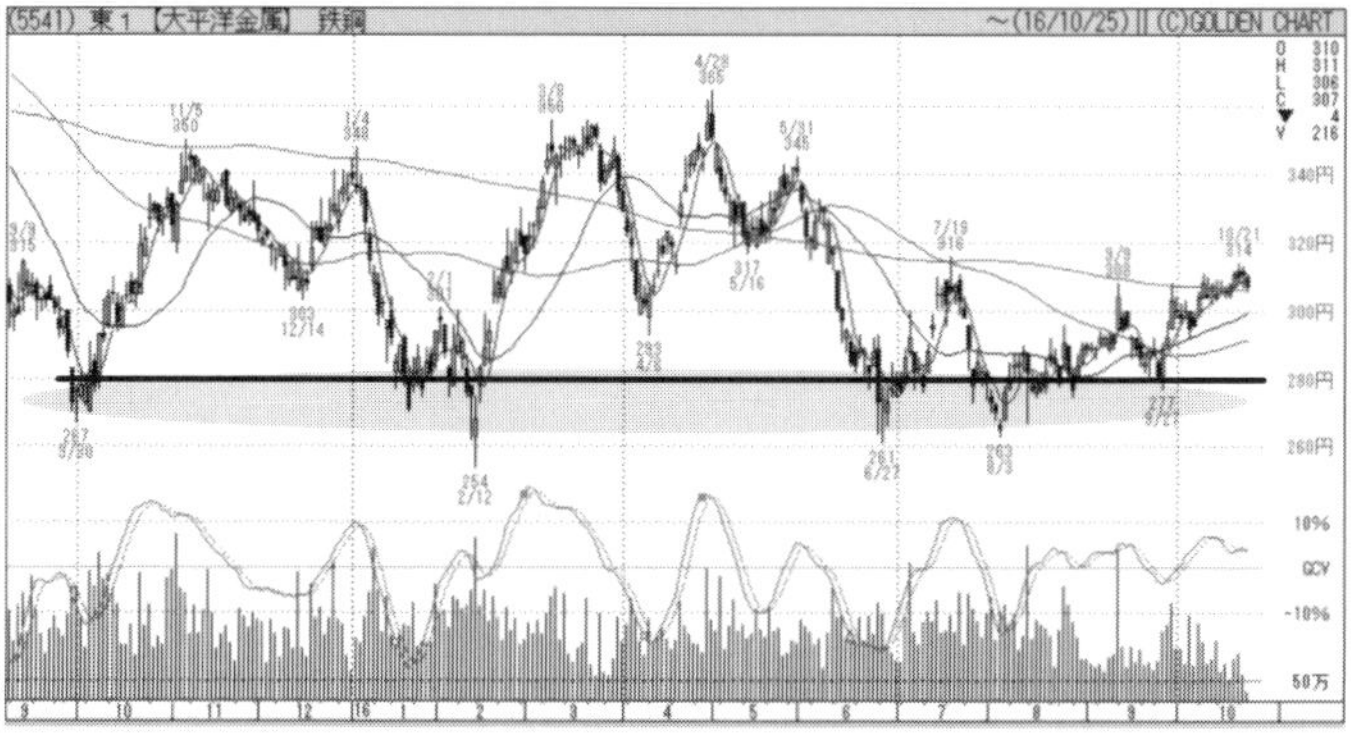

出所：ゴールデン・チャート社

もちろん、投資の世界ですから、成功率100％にはなりません。

そのような手法がもしあれば、知っている人間は、すべて億万長者になってしまいます。

もっとも、そうした手法が発見された時点で、誰もがばからしくなり、株をやらなくなるでしょう。

しかし、現実にはありえません。そのため、**あらゆる不確定要素を排除して、極限までその確率を高めていくゲームと思えばいいのです。**

そう思えば、チャートのうねりを利用するメリットが、なんとなく腑《ふ》に落ちるのではないでしょうか。

●買いのゾーンまで引きつけてから買う

続いて紹介するのは、戸田工業（4100）です。

こちらも、ステージを変えながらボックス相場をつくる、代表的なうねりチャート銘柄です。

次の図表22のグレーのゾーンにあるとおり、下値は280円から250円の間で固められています。

図表22 株の初心者でも下値が捉えやすい戸田工業(4100)のチャート

(日足)

出所：ゴールデン・チャート社

また、さきほど紹介した大平洋金属よりは、上下のブレ幅が小さくなってきていることがわかります。

と、ここまで分析したら、あとの売買方法は同じです。

グレーのゾーンまで引きつけながら、買いを入れていきます。こうすることで、リスクを減らしながら利益をつくりだすことができます。

ちなみに、戸田工業はおよそ2年という長い期間において、このようなボックス相場を演じてきました。

つまり、それだけ長い間、確実に利益を積み増しすることができたわけです。一見、小さな利益でも、積みあがればそれなりの資産となります。

7 なぜ、株の上級者は分割して売買するのか？

ここまでで、ある程度、読者によっては勝てるイメージがわいてきたのではないでしょうか。

そう考えることができるようになれば、知識ではなく技術こそが、いかに大切かということがわかると思います。

チャートは予測するものではなく、選ぶもの。

ただ、「うねりチャート底値買い」だけでは、勝てる投資家とはまだいえません。投資家としては一歩抜きん出たとはいえます。しかし、継続的に勝てるようになるには足りません。

うねりチャート底値買いは、今から紹介する「分割売買」と組み合わされてこそ、その威力を倍増させるからです。この**分割売買は、９割の上級者がおこなっている投資の基本**です。ぜひマスターしてください。

では、なぜ分割が大切なのでしょうか。まず、その理由から説明しましょう。

分割売買は欲望と恐怖を同時にコントロールできる

それは、**株で継続的に勝つためには、市場がもつ不確実性をかぎりなく排除する必要があるから。**

株というものは、つねに不確実性との戦いです。不特定多数の投資家が絡む以上、仕方のないことです。そんな株式市場を支配するのは、**欲望**と**恐怖**の2つです。

多くを儲けたい、と考えるから資金を大量に動かしたり、必要以上に信用取引に手を出したりします。損をしたくないという迷いがあるからこそ、恐怖やあきらめを生み出します。そのため、投資ではこの2つの感情を統制できることが、きわめて重要になります。

しかし、言うはやすしであり、上級者でも欲望と恐怖の感情をコントロールするのは、なかなか難しいものです。

一方、株の分割売買はこの2つの感情を、技術によっておさえます。この道40年のベテラン相場師でも、大底の一点を言い当てることは不可能です。しかし、大底のあたりを、過去の「うねり」から予測して、ある程度の広さをもったストライクゾーンとして狙うことは可能なのです。

8 うねりチャートと分割を掛け合わせて投資の必勝カードにする

株式投資の方法は、あなたが実践可能で、かつ、成功しやすいものでなくてはなりません。

この分割による投資法は、そのいずれの条件も満たしてくれます。

本章の冒頭でご紹介した、ビギナーの女性経営書の投資方法を思い出してください。あのご婦人にもできたのですから、株で資産を築こうと真剣に取り組んでいるあなたにできないはずがありません。技術そのものに、難しいものはなにもないからです。

ただ、**ここぞというチャンスで一度に買わずに、あらかじめ資金を分割するだけです。**買いのタイミングを分散する。たったそれだけのことですが、これだけで値動きのうねりの底を捉えることができるようになります。

また、暴落時には有効なリスク管理の手法ともなりえます。

目の前の投資チャンスだけで判断して、勝つか負けるかという近視眼的なやり方しかしてこなかった投資家から見れば、なんだか、すごくまどろっこしく感じるかもしれません。

しかし、逆の見方をすれば、これまでのやり方は、長期的な相場観が欠けていたともいえます。

当たるか、外れるか。その二択しかなければ、確率はつねに半々です。それ以上にも、それ以下にもなりません。確率の計算は、そこで終了です。つまり、ギャンブルと同じなのです。

しかし、株の上級者やプロは違います。

当たろうが外れようが、つねに勝てる状況を作り出す。それこそが、最強の必勝カードだということを、彼らは知っているのです。

だからこそ、彼らは手元に何枚かのカードを手札として残しています。予想が完全に外れても勝てる、次の手を繰り出すために。

9 勝つ投資家は「負け方」にもこだわる

勝てる投資家と、負ける投資家を分けるのは、こうした方法を「技術」として習得しているかどうかの違いです。そして、実際に使えるかどうか。知っていても、使えなければ意味がありません。

そのためには、まず、覚えた技術を使ってみる必要があります。

結局、株で勝てるようになった人の多くは、こうした失敗や経験を積み重ねて、**何をするかだけでなく、何をしなければ勝てるのか、ということを知って、そのノウハウを身につけたにすぎない**のです。

少し前置きが長くなりました。

ここからは、具体的な分割売買の方法を見ていきましょう。

たとえば、90万円の資金をあなたが持っているとします。そして、ある銘柄のチャートを見て、うねりの底にありそうだ、と考えたとします。

ここで、ほとんどの投資家は、「チャンス到来、一発で当てるぞ！」という単純な発想をします。つまり、欲ばかりが先行してしまい、手持ちの90万円で、めいっぱい株を買うという愚かな行為をしてしまうのです。

しかし、これではいけません。予想が当たっていればいいですが、外れた場合は、対処のしようがないからです。結果、そのまま下落してしまった場合は、塩漬けかロスカット（損切り）という流れになります。

では、どうすればいいのでしょうか。**どのような大チャンスでも、分割しながら、手元の資金に余裕をもたせて買いを入れる**のです。銘柄の価格にもよりますが、最初は資金の3分の1の30万円から投資します。もし、予想どおり当たって株価が上昇したなら、30万円を投資した分の利益を得られます。全額投資したよりは、利益は少ないかもしれません。

しかし、残念ながら、それは素人の発想です。株はいかに負けを少なくして、利益を獲得するかを競うゲームです。

欲をコントロールしてこそ、大きく負けるリスクが減って、継続的に勝てるようになります。むしろ、以前より少ない資金で利益をあげられるようになった、あなたの技術力の向上を喜びましょう。

10 今の常識をキッパリ捨てるだけで相場でみるみる勝てるようになる

一方で、もし予想が外れて株価が下がったならば、さらなるチャンス到来です。下がったタイミングで、もう30万円を投資します。

この場合ならば、まず３分割して、予想が外れたときの準備をしたうえで株を買ったわけです。

下がったタイミングで買うわけですから、現物株で投資している場合なら、保有株の平均の買い値がそれだけ低く下がります。つまり、より有利な相場運びができるようになるわけです。

もしくは、あとで詳しく説明しますが、私のように証券口座を３つ運用するのもいいでしょう（ただ、それはそれで管理するのに手間がかかりますが）。

それぞれ別の証券口座で買うようにすれば、別々のうねりを、現物株で取れるようになります。現物株で平均の買い値を下げるよりも、チャートの動きに合わせて別々のチャンスで売買でき、小さなうねりに合わせて、繰り返し利益を獲得することができます。

図表23 90万円を３分割にして買いを入れると現物株の平均買い値が下がる

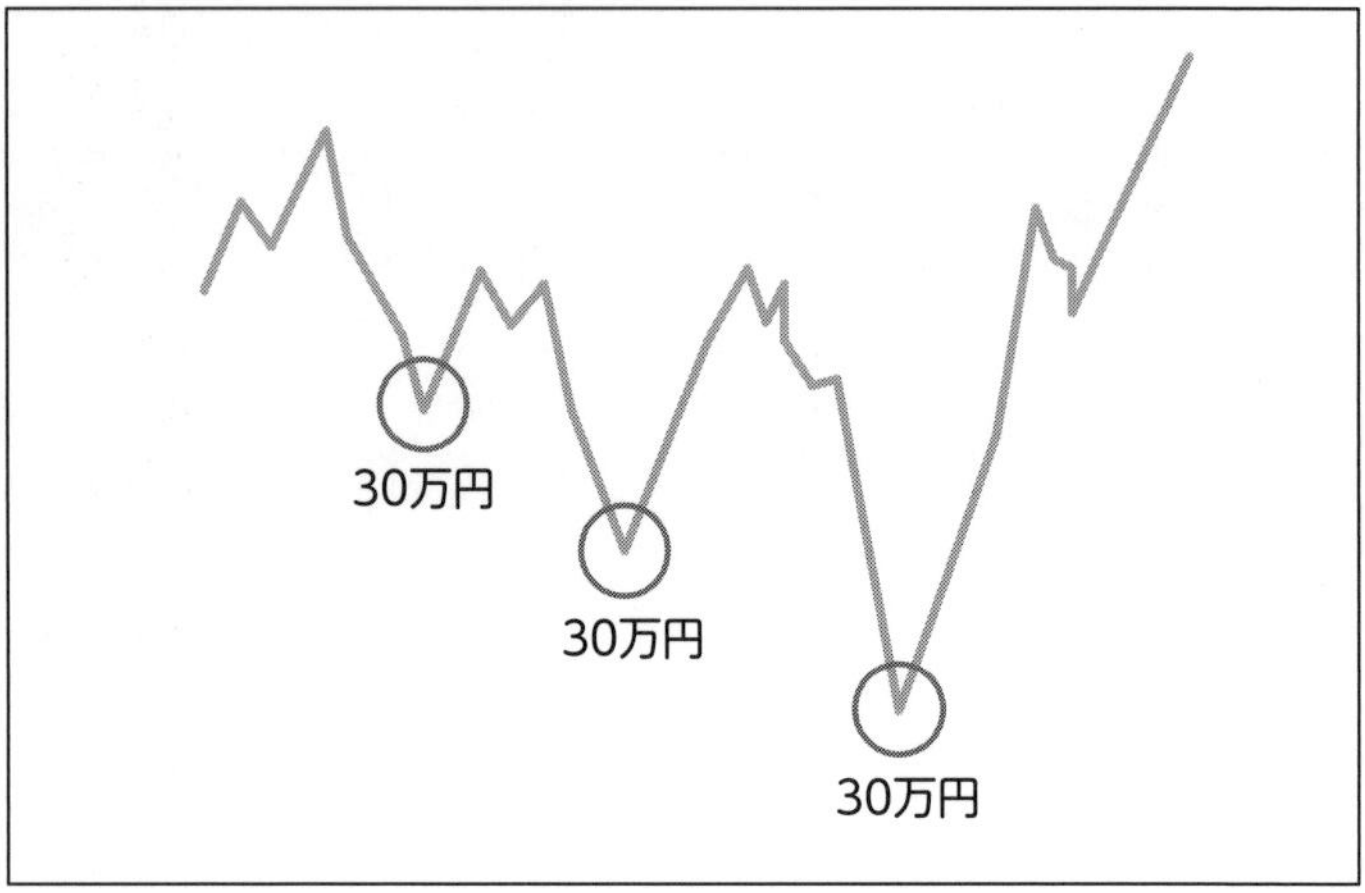
30万円
30万円
30万円

株はジグザグに動くもの。シンプルにそう理解すれば、平均の買い値を下げるだけで勝率を上げることができる

このように、チャートがさらに下がっても打ち手が繰り出せるように戦術を組み上げます。

こうすることで、どういったことが起こるでしょうか？

株で大事なのは、多くの投資家と反対の行動を取ること。しかし、そうとわかっていても、なかなかできないのが現実です。

しかし、この分割売買を徹底していると、市場に参加する投資家と、まったく逆の心理状態になれるのです。

つまり、他の投資家たちが上がってほしいと願うなか、分割して資金力を温存しているあなたは、まだまだ下がってほしいと考えられるようになります。

「人が恐怖しているとき、小さくほくそ笑む」

それぐらいの余裕を持てるようになれば、勝てる投資家になるのは時間の問題です。

11 株の技術とは車でいうハンドルとブレーキ

チャートのうねりを利用するだけでは、底値を十分につかむことはできません。できたとしても、かなりの部分で運の要素が大きいでしょう。

そこで、**分割売買**です。株の買いのタイミングを分割することで、時間を味方につけて有利にすることが可能です。

つまり、チャートのうねりの動きで値幅を、買いのタイミングを何回かに分割する手法で時間を、それぞれ味方につけるわけです。前にもお伝えしたとおり、株で勝つためには、市場の不確実性を可能なかぎり排除する必要があります。

しかし、どのような株の上級者でも、100％取り除くことは不可能です。

そこで、値幅の縦軸と、時幅の横軸の両方を組み合わせることにより、市場の不確実性をできるかぎり排除しようというのが、この**「うねりチャート分割売買」**の基本的な考え方となります。

株の勝率を高めるためには、なにより、この値幅の不完全さ、つまり明日は上にいくか

図表24 値幅×時幅の組み合わせでおこなうのが うねりチャート分割売買

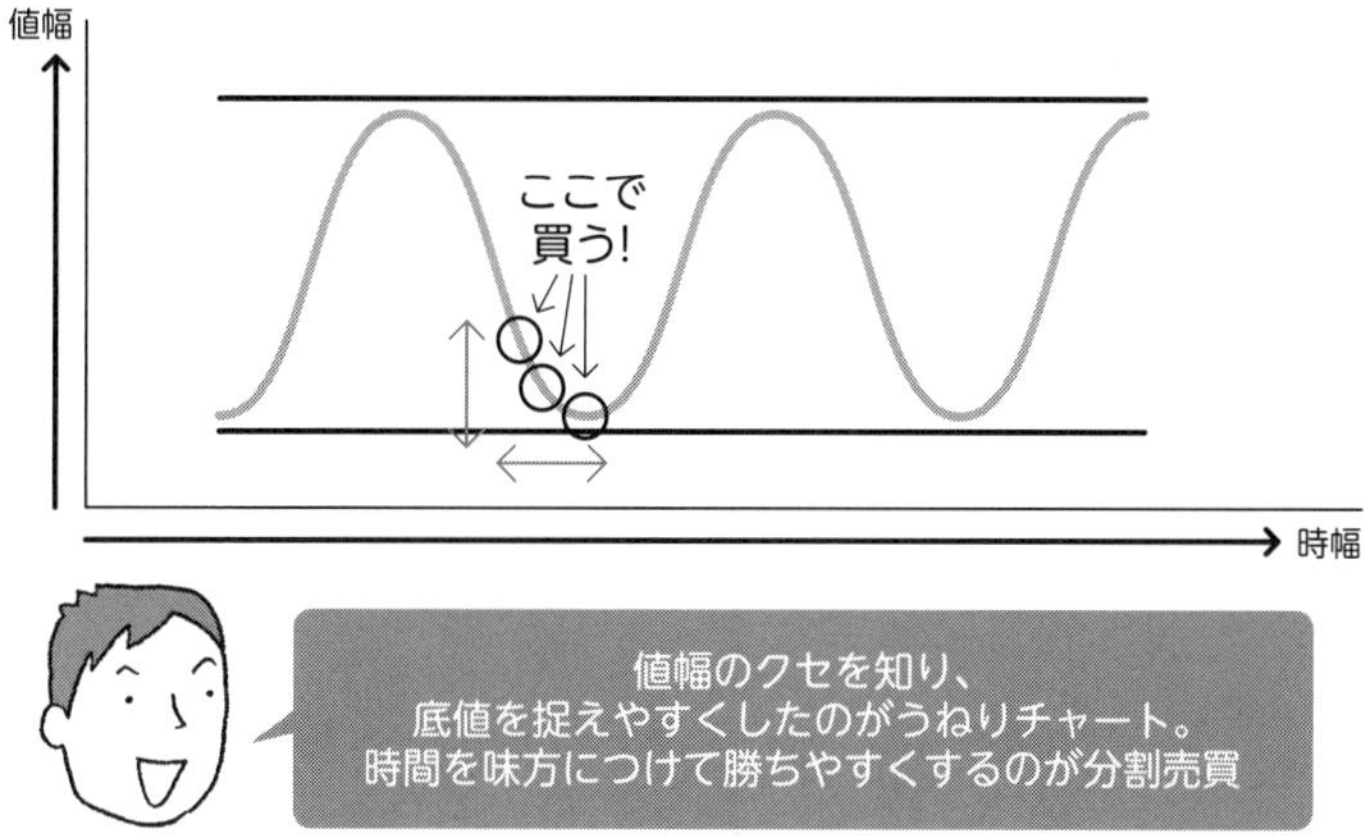
値幅
ここで
買う!
時幅
値幅のクセを知り、
底値を捉えやすくしたのがうねりチャート。
時間を味方につけて勝ちやすくするのが分割売買

下にいくか正確には予測できないデメリットを、点ではなく、ストライクゾーンの枠として捉える必要があります。

そのためには、買い注文を2~3回に分けて、時間差で買っていくことで、リスクを分散するのです。

この縦軸、横軸のトータルで補完して勝ちやすくしたのが、うねりチャート分割売買です。

車でいうハンドルとブレーキのように、技術としても操作しやすく、火急の事態にも対応しやすくなります。

12 実際の銘柄で実践してみよう（1）【新日鐵住金　編】

では、具体的な実践法を、チャートを使って紹介しましょう。

次の図表25と図表26のチャートは、どちらも新日鐵住金（５４０１）です。チャートを２つ並べているのには、もちろん、理由があります。それぞれのチャートの違いがわかりますか。すぐに答えられたら、普段からチャートを見慣れているといっていいでしょう。

実は、図表25のチャートは、１年間の動きをあらわしたもの。図表26のチャートは、５年間を俯瞰したものになります。

チャートでサポートラインや循環を確認するときは、このように、１年、５年、そしてできれば10年と、３つのパターンを見比べるようにするとよいでしょう。

新日鐵住金は、ご覧のとおり、うねりチャートの代表格のような銘柄です。図表25では、１９００円から１８００円のサポートライン（太線）に支えられて、ジグザグに行ったり

図表25 新日鐵住金(5401)のチャート

（日足）

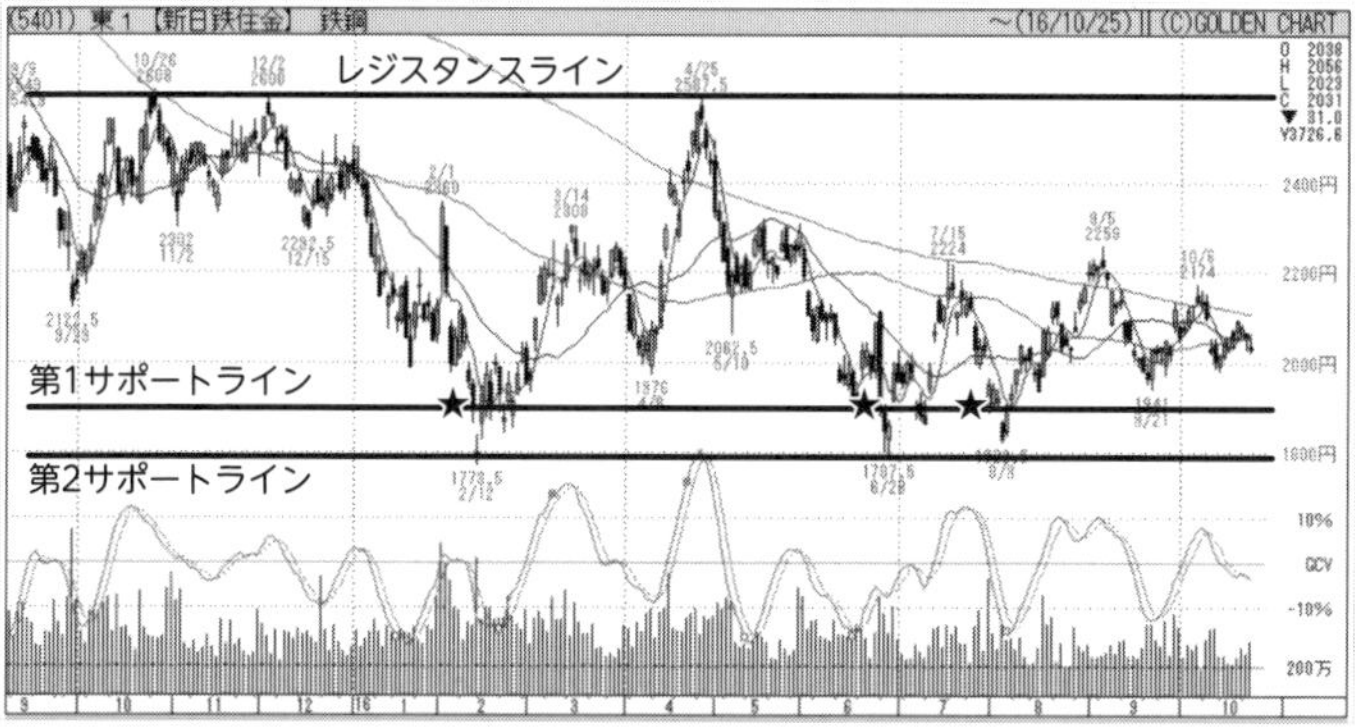

出所：ゴールデン・チャート社

図表26 新日鐵住金(5401)のチャート

（週足）

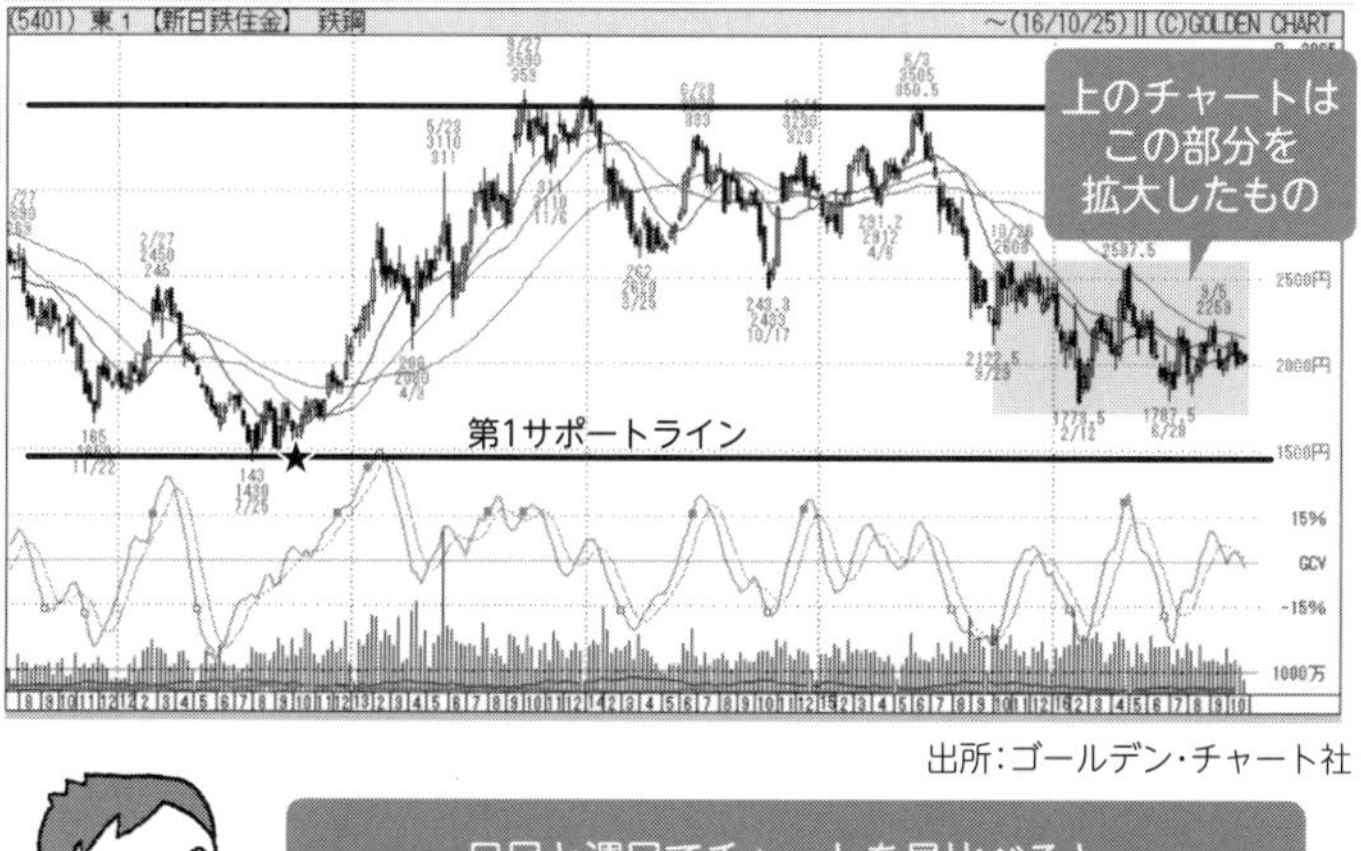

出所：ゴールデン・チャート社

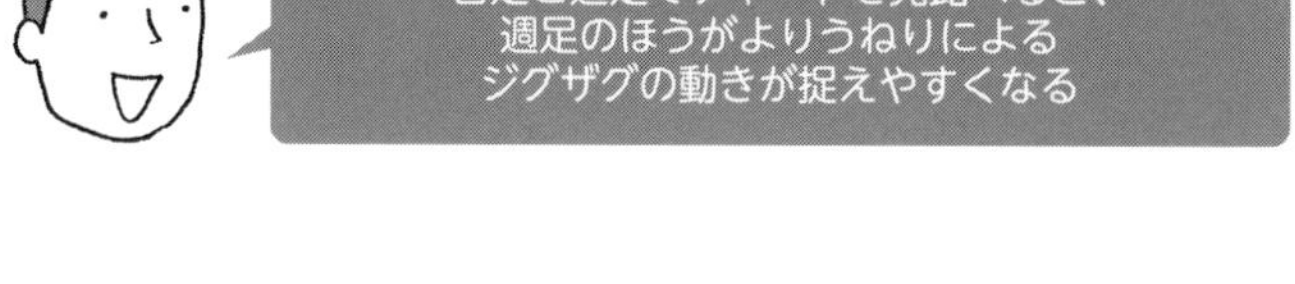
日足と週足でチャートを見比べると、

来たりと、規則的なボックス相場を演じています。

うねりチャートは、このように、ジグザグに動くのが特徴です。この上下の幅の反転のラインがどこかを予想して、買いを入れていきます。

といっても、そんなに難しくはありません。チャートをよく見てみてください。2600円前後がこのボックス相場圏の上値のレジスタンスラインだということがわかります。ここを抜ければ、たぶん上抜けして、さらなる上昇を開始するはずです。そうなったら、今度は2600円を下値にした、次のボックス相場へ移行するかもしれません。

打ち手を分割しながら時間も分散

ただ、今は安定的なボックス相場圏にあります。ここで、わざわざ危険な手を打つ必要はありません。

ここでもっとも安全な施策は、1900円から1800円のゾーンまで引きつけてから、1手目の買いを入れることです（図表25の★の箇所）。

このストライクゾーンで買えば、数ヶ月単位で見れば、儲けが出ている確率は高いでしょう。

たとえ暴落相場に巻き込まれても、そうそう大きな損をすることもないはずです。ただ、ここから下がる可能性がないとも言い切れません。

うねりの底値で買いますから、1年以上も上昇しているようなグロース株、あるいは新高値を記録しているような株に手を出すよりは、下がるリスクは低いはずです。

それでも、株にぜったい安全はありません。底値であれ、高値であれ、株を買うときは、つねに手元のギアはニュートラルにしておくようにしてください。

うねりの底値だろうが、上下のどちらにも行くことはあるということです。そのために、**買いの分散だけではなく、時間も分散する**のです。

基本は2分割がやりやすい

具体的に説明しましょう。図表25を見てください。

この場合なら、★のマークがついた1900円で、まず、最初の1手目を入れるのが理想です。

続いて、1800円でもう1手を検討します。さらに3手目を打つ余裕があれば、サポートラインが割れた1700円から1500円付近です。

このように、ゆっくりと、底を洗うようにしながら買っていくのです。このような現物買いであれば、平均コストをかなり有利に所有できるはずです。

なお、**資金が少ないうちは、2分割か、多くても3分割を基本**にします。とくに、まだ技術が安定していないうちは、ついつい、買いを入れるのが早くなりがちです。お互いの打ち手が、くっつきすぎた悪い手にならないように気を付けましょう。くっつきすぎだと分割してもリスク回避になりませんし、なにより下落したときに大きな損失になってしまいます。

13 勝つ投資家は、買う・売る・待つの3つのリズムで相場を有利に操る

続いては、**売りのタイミング**です。

初心者のうちは技術の向上をめざすものであり、売りはあまり欲張るとよいことがありません。

図表25、図表26のチャートのうねりを見ると、だいたい3ヶ月区切りで、２６００円から２２００円あたりまで上昇しているのがわかります。

そこを上値のレジスタンスラインとして、反転してから、今度は下方向にジグザグを繰り返しながら底値を形成しています。そのため、いったん２２００円を超えて来たら、売ってしまいましょう。

うねりの頂点を狙う必要はありません。それよりも、資金は現金化しておくことです。ふたたび下がってきたら、また同じ銘柄で買いなおせばいいのです。

大切なのは、自分が勝ちやすいストライクゾーンを決めること。そして、繰り返し、コンスタントに同じ勝ちパターンで利益を上げることです。

ストライクゾーンに入るまでは、むしろなにもせず、茂みに隠れて様子をうかがう肉食獣のように、じっと相場を眺めていましょう。

勝てる投資家とそうでない投資家は、つまり、こうした買う・売る・待つの3つのリズムを、意識的に展開できるかどうかの違いにあります。

銘柄を絞る、ストライクゾーンに来るまで買いを待つ、資金に余裕を持たせる、そして、買う・売る・待つの3つのリズムを有利に組み合わせながら、分割売買をする。これこそ、株の必勝パターンなのです。

売りは一括がかんたんでいい

さて、保有した株の利益が出たら、分割ではなくまとめて売ってしまいます。

売りの分割は、買いの分割よりも高度なテクニックです。

下げのトレンドは、上昇トレンドの2倍近くも動きが速いといわれています。そのため、一瞬の迷いが、売り損ないになる大きな利益の損失につながるためです。

相場に慣れて、ある程度の資産ができたら、売りの分割を試してみるのも価値はあります。しかし、まだ分割の技術に慣れていないうちは、一括手仕舞いを基本としたほうが無難でしょう。

なにより、目の前の技術の向上に集中できます。ちなみに、私の場合も、売りの８割は一括手仕舞いです。

利食い千人力とはよく言ったものです。

利食いして、後悔するプロの投資家はいません。現金化してプールしておけば、次の下落で、ふたたび買い出動できるからです。

初心者ほど、あとの上昇を見て、「ああ、どうして、もっと利益が出てから売れなかったのだろう」と後悔したりしがちです。

しかし、そんな必要はありません。売りそびれて、現金化できないことのほうこそ、後悔すべきです。

そのぶん、練習をする機会が失われてしまいます。ふたたび、株が底値に近付いても、手持ちの資金がなくて、買うことができなくなるからです。

14 実際の銘柄で実践してみよう（2）【中外炉工業 編】

続いてのチャートは、中外炉工業（1964）です。

このチャートのサポートラインは、太線で示した210円です。

しかし、よく見ると、180円のところにも、もう一段のサポートラインがあります。5年チャートで見ると、このあたりが、おおよその底値付近であることがわかります。

株価はジグザグに動きますので、このチャートからは、だいたい200円付近から、段階的に資金に余裕をもって買っておけば、儲かる可能性が高いことがわかります。時間を味方につけて、分割しながら買うのであれば、リスクも減らせるはずです。

ただ、180円付近の第2サポートラインまで、日経平均の動きや景況感によっては、接近してくる可能性があります。

そのため、分割の2手目、3手目は余裕をもって、じっくりと売買していくのがよいでしょう。短期のチャートだけを見ると、つい、この下はないだろうと思ってしまうもの。とくに買い挑んでいるときは、人はある意味、戦闘モード。脳内にアドレナリンが大量に

図表27 中外炉工業(1964)のチャート

(週足)

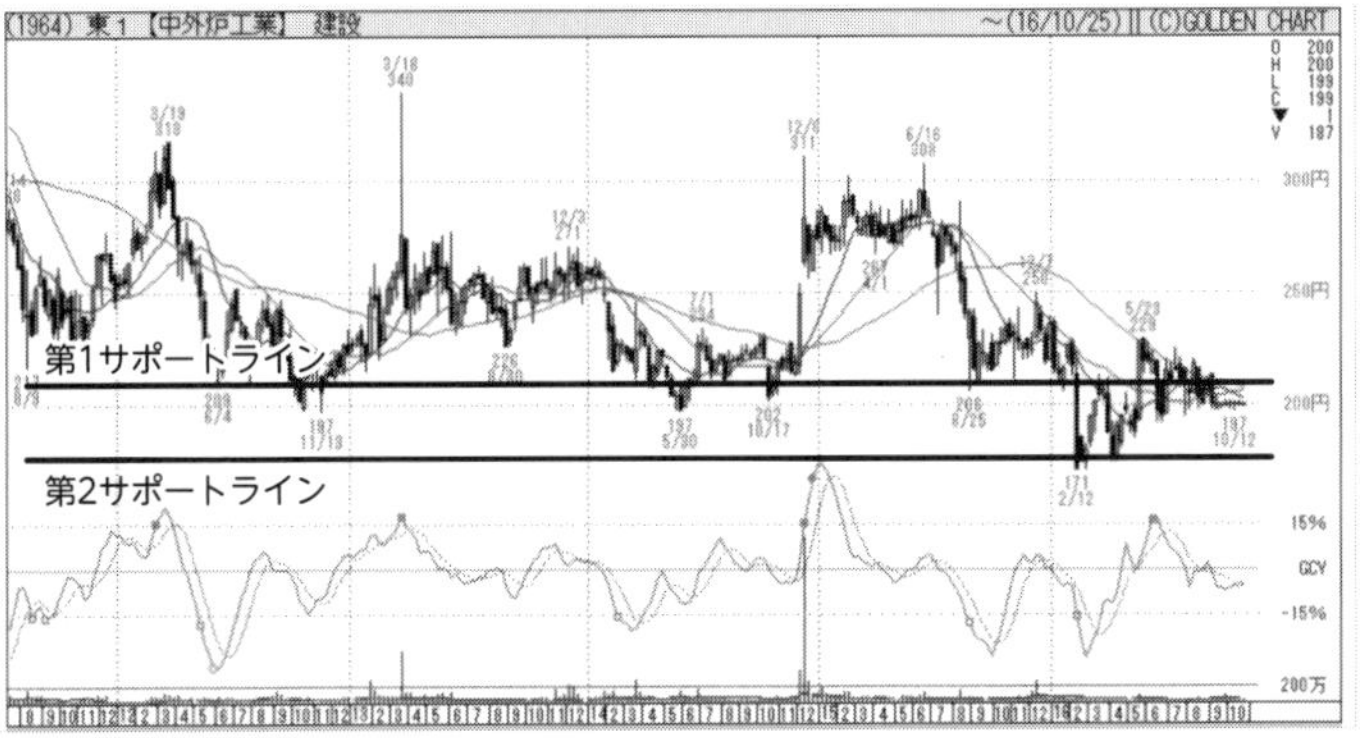

出所:ゴールデン・チャート社

分泌されていますので、慎重さを失いがちです。

しかし、**将来のことは誰にもわかりません。だからこそ、予測していない状況でも、自分の売買ができるよう、このように「最低」と「最悪」の両方を常に意識しておくことがとても重要**なのです。

ちなみに、ここでいう最低は、現在の景況感で見たときに予想される、もっとも下値のこと。最悪とは、政治不安や世界情勢の影響を受けて、市場全体が大きく暴落したときの、もっとも下値のこと。株の上級者ほど、どのような状況でも勝てるよう、このように最低と最悪のシナリオを、いつでも準備しているものなのです。

15 分割売買の応用について〈複数口座を活用しよう〉

ある程度の資金がある方なら、次の方法もおすすめします。

これは、私が実践で取り入れている方法でもあります。それは、先ほども述べましたが、証券会社を複数使うやり方です。

信用取引を使うことに抵抗がある方にも、おすすめします。それぞれに資金を分けて売買することで、同一銘柄を現物のみで取引できるからです。もし、信用取引を使わずに、分割の売買を個別におこないたいのであれば、こちらの手段を活用するのもひとつの方法です。

ちなみに、私は楽天証券、トレジャーネット（むさし証券）、ＳＢＩ証券の３つの証券会社を使っています。それぞれに４０００万円ずつ保有し、残りは現金化して、銀行口座に預けています。

この場合のメリットは、すべて現物で取引できますので、信用取引のリスクや、余計な金利を証券会社に払う必要がなくなることです。

ただし、デメリットもあります。

第一に、管理が大変になることです。私の場合は、パスワードをよく間違えます。第二に、それなりに資金力を必要とすることです。

また、どの口座にどの銘柄があるのか、しっかり把握しておかないと、同じ銘柄を間違って買ってしまったり、売るのを忘れたりと、かえって非効率な運用になってしまいます。

そのため、私が実際の運用に活用しているのは、２つの証券口座のみとなります。ＳＢＩ証券は、予備の口座としています。

ただし、やり方は人それぞれ。一番儲けられる方法が、もっとも良い方法です。あなたに適した方法を見つけて、株式の運用に活用してください。

16 実際の銘柄で実践してみよう（3）【東海カーボン　編】

さて、ふたたび、実践方法に移りましょう。

続いては、141ページ図表28の東海カーボン（5301）です。ここからは、あなたが売買する立場となり、答えを一緒に考えていきましょう。

確認しなければならないのは、次の3点でしたね。

（1）サポートラインとレジスタンスライン

まず、上下のサポートラインとレジスタンスラインの確認です。この2つのラインに上下を挟まれるかたちで、うねりのボックス相場が続いています。

とくに、下値のサポートラインは分割買いの打ち手の目安となります。

1年チャート、5年チャート、できれば10年チャートの3つを見比べて、慎重に予測してください。

図表28 東海カーボン(5301)のチャート

(週足)

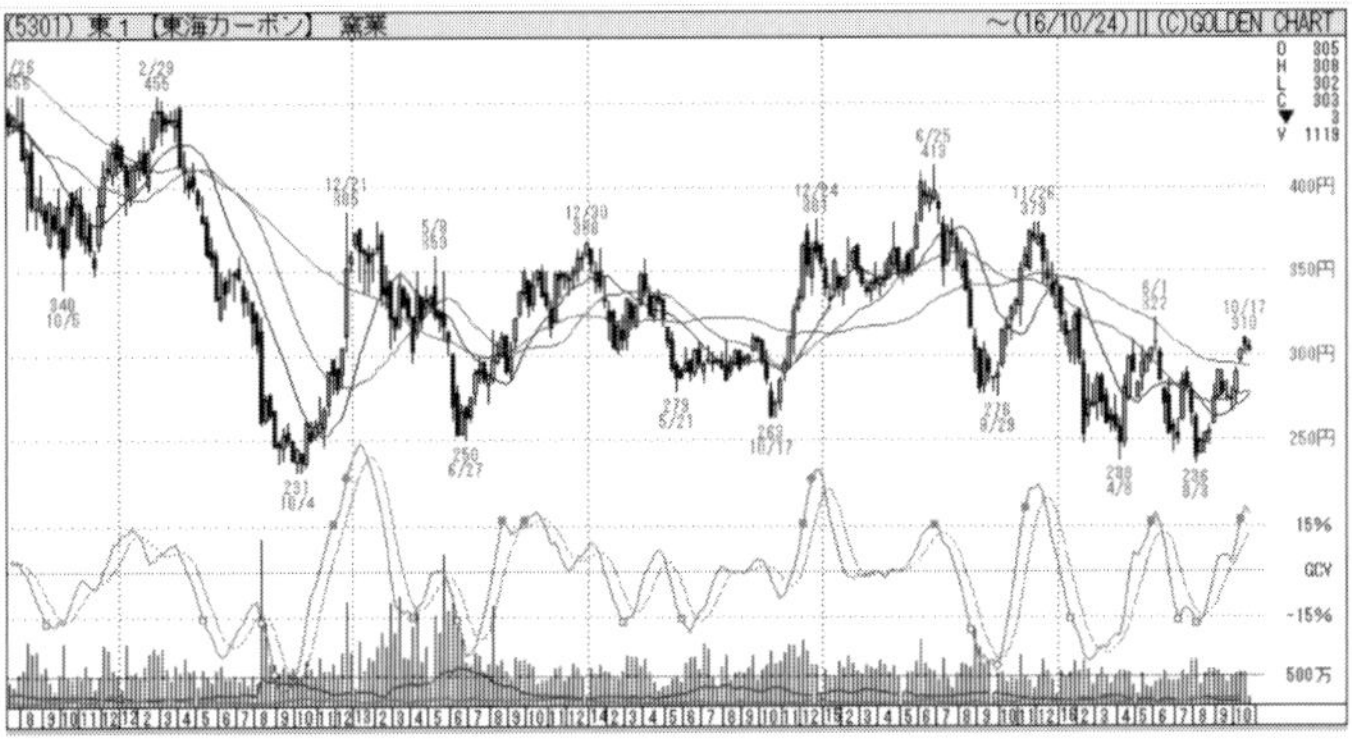

出所:ゴールデン・チャート社

(2) 分割買いのシナリオ設計

続いて、分割ゾーンを設計します。

これといった正解はありません。

市況や資金力などと照らし合わせて、あなたに最適な分割ゾーンと売買シナリオを設計します。

(3) 売りのシミュレーション

最後に、売りどころを予測します。

どこまできたら売るのかを、最初から決めておくことは極めて重要です。あとで迷ったり、欲を出して売りそびれたりすることがないからです。

図表29 東海カーボンのチャート（筆者の売買シナリオ）

（週足）

出所：ゴールデン・チャート社

買いゾーンと異なり、売りゾーンは上値のレジスタンスラインまで待つ必要はありません。相場は逃げません。現金化しておけば、何度でも、同じ銘柄で売買が可能です。早めの利食いを心がけましょう。

ちなみに、図表29は、私が設計した東海カーボンの投資シナリオです。

チャートのうねりの動きから、下段に2つのサポートラインがあることがわかります。

しかし、少なくともここ5年で、もっとも下のサポートラインまで接近したのは、一度しかありませんでした。

あとは、3ヶ月から6ヶ月のサイクルで、うねりを描いています。

このことから、資金力にもよりますが、

分割は３手に分けるのがよさそうです。

第１手は、第１サポートライン。このゾーンで買っておけば、将来的には儲けをだす可能性が高いといえるでしょう。

第２手は、第２サポートラインです。ここまで落ちてきたら、私は迷わず買いを入れます。

そして、最後の第３手は、暴落してサポートラインを大きく切り下げたときです。この、〝まさか〟のタイミングのために、戦略的に資金を分割して取っておきます。

もし、最初の１手でチャートが上昇してしまったら

では、売りのタイミングはどうでしょうか。

こちらは、それぞれの忍耐力や投資手法によって変わってきます。

私であれば、上値レジスタンスラインの手前ぐらいで、売ってしまいます。現金化をしておけば、必ずまたチャンスが巡ってくるからです。あまり欲を出しすぎず、利益を焦らず、多くの経験を積むことを優先します。

では、仮にもし第1サポートラインの手前で、チャートが上昇してしまったら、どうすればよいでしょうか。その場合は、なにもしない、が正解です。

また、第1サポートラインの1回目の買いだけで、チャートが上がってしまった場合でも、同じように2手、3手は展開せずに、資金力に余裕を持たせたまま、次のタイミングまでとっておきます。

1手だけでも、チャートさえ上がってしまえば、十分利益が出ます。また、戻ってきたところを買えばよいだけです。

これを繰り返すうちに、私のように、数年で倍の利益となります。似たようなうねりチャートで下値をつくっているタイミングの銘柄があれば、そちらを買うことでも解決します。

17 なぜグロース株への投資ではなく、うねりチャートの底値買いを推奨するのか？

また、最近よくある質問に「グロース株への投資はしないのか」というのがあります。

グロース株というのは、業績が急激に伸びて、将来にわたっても成長が期待できる銘柄のことです。一昔前であればハイテク株、いまであればバイオ関連株などがそれに当たります。

グロース株は、当たれば、夢のような利益が手に入ります。もちろん、最高値まで売らずに保有しておければという条件がつきますが。

一方、弊害もあります。

まず、動きが予測できないという点です。どこまで伸びるか、誰にもわからないのです。買った時が最頂点であっても、誰にも文句は言えません。その場合、どうなるでしょう。長いときで２、３年、最長で10年以上にわたって下げ続けます。

次の図表30のチャートは、バイオ医療関連株のメディネット（２３７０）です。

もし、バイオ医療株というだけで、この銘柄を人気の頂点で買っていたら、どうなるか

図表30 メディネット(2370)のチャート

(週足)

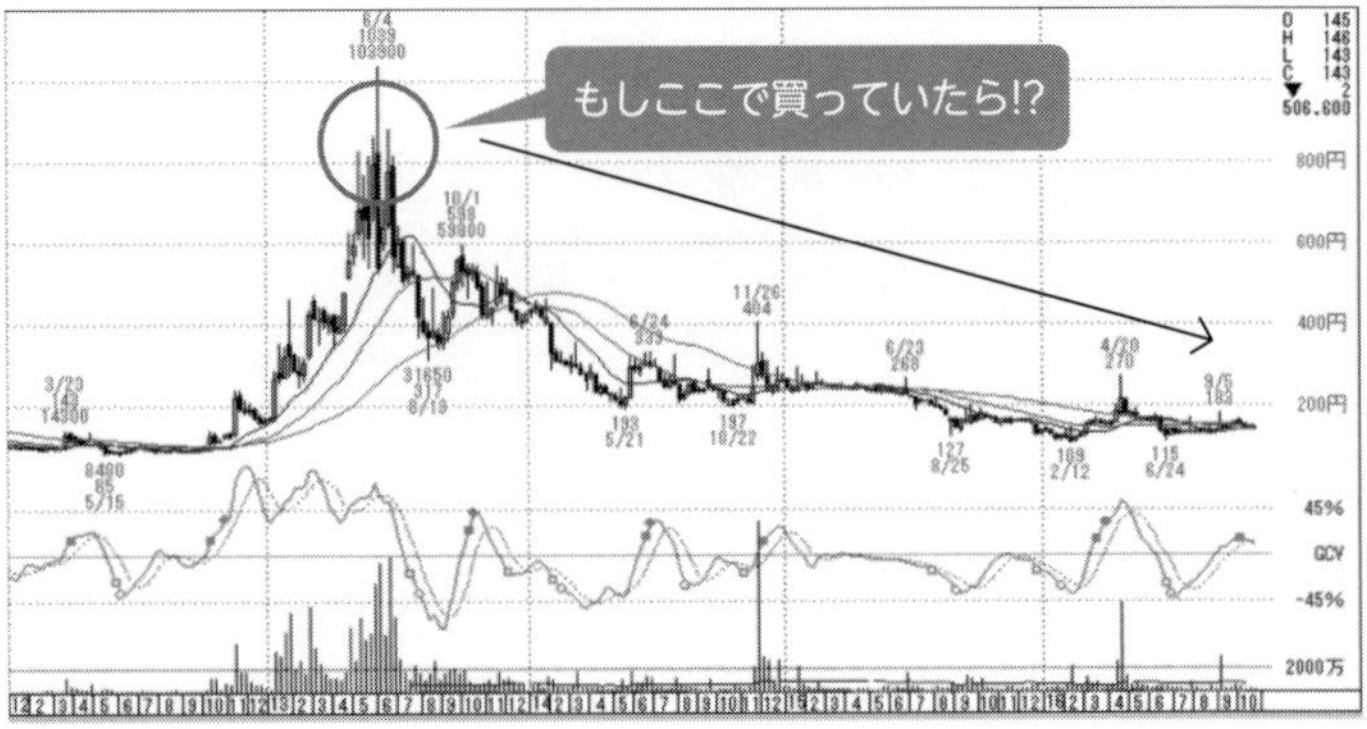

バイオブームの下火により高値からわずか2年で株価は10分の1に。
仮に100万円で購入していたら10万円にまで資産が減少していた。

出所:ゴールデン・チャート社

想像してみてください。この場合、5年以上の長期塩漬けか損切りしか、選択肢がありません。

一方で、ボックス相場であれば、過去の動きから底値がある程度予測できます。

もちろん、絶対ではありませんが、完全に将来が予測できないグロース株に比べれば雲泥の差です。未来が予測できなければ効果的な戦略は打てません。戦略がなければ、具体的な戦術も組めません。株の売買というのは、宝くじとは違います。

一発勝負で終われるのであれば、グロース株もよいでしょう。しかし、実際には、相場から繰り返し利益を獲得していく必要があります。そう考えれば、リスク管理がしやすく、分割をおこなうことで動きにも対応しやすい、うねりチャートの底値買いのほうにこそ、利があると私は思います。**効果的な戦略に、具体的な戦術を組み合わせて、継続的に勝つのです。**以上が、私がボックス相場を有利と考える理由です。

さらにもう一点挙げるとすると、なにをもってグロース株というか、その定義があいまいだということもいえると思います。聞こえは派手ですし、毎日のように急上昇するグロースで勝ったときの美酒は格別です。

しかし、では、たとえばソフトバンクグループ銘柄はグロースでしょうかと聞かれたら、明確に答えられる人は、はたして何人いるでしょうか。海外進出を積極的におこなっていたり、太陽光発電事業への進出を発表するなどしているところだけ見れば、たしかにソフトバンクはグロースです。

ただ、国内市場を見れば、すでに携帯人口はほぼ9割をカバーして飽和状態。Yahoo!などのメディア事業も、新規事業をいくら生み出したところで、あまり伸びしろがありません。

このように、グロース株の大半が、メディアが作り出した虚構であることもあります。なにをもってグロースというかの定義があいまいであり、確信を持てていないというのが現実なのです。

18 悔しさを味わった瞬間、もっとも勝ちに近づいている

本章もいよいよクライマックスです。

真剣に技術を磨き経験を積めば、誰にだって一攫千金を狙うチャンスがあります。億万長者になれるチャンスがあります。

それが、株式投資の良いところではないでしょうか。

一方で、真剣勝負に負ければ、破産してしまうこともあります。それを回避するためには、ビジネスと同じように、日々、技術を切磋琢磨していくしかありません。

しかし投資において、はたしてどれだけの投資家がそのことに真剣に取り組んでいるかとなると、はなはだ疑問です。

どこか、ギャンブル的な感覚が抜けきらない投資家が多いのも事実です。

そのため、技術に目を向けることができず、有望株を見つけて一攫千金を狙うといった「当て屋」的な感覚からいつまでたっても抜けだせません。

株式投資の技術を磨いた人だけが富を築ける

投資歴も1年を超えれば、本を読んだり、証券会社が開催するようなセミナーに参加したりと、それぞれに工夫をして、勝つ努力をしているものです。

しかし、それで勝てるようになるなら、市場から敗者がいなくなります。むしろ、**それで勝てると考えている人が多いから、一部の人だけが、多くの富を築けるのです。**

厳しいことを伝えています。ですが、これが、株取引の現実です。

悔しくはありませんか。悲しくはありませんか。

もし、少しでもそう感じるのであれば、今日から株の技術を磨く努力をしてください。

技術を身につけることで、市場の見方も考え方も、がらりと変わります。

私は株で勝つのが難しいことだとは思いません。手に入れた自分の技術を信頼しているからです。

技術を習得するということは、たとえ目をつぶっていても、勝てるようになってしまうということなのです。

第4章まとめ

◎どんなに気に入った銘柄でも、一度に買わずに同じ銘柄を数回に分けて買う。

◎継続して勝つことができなければ投資家として生き残れない。

◎勝てる投資家は、買う・売る・待つの3つのリズムで相場を有利に展開する。

◎株の技術とは車でいうハンドルとブレーキ。

第5章

勝てる投資家になりたかったら銘柄をロックオンしなさい

1 勝つ投資家には、何をしても儲けてしまう基本の型がある

ここまで、株で勝つ投資家になるための技術を、丁寧に解説してきました。

過去に一度も投資の技術に目を向けてこなかった方は、少なからず衝撃を受けたはずです。

そして、あなたはもう、立派に株の上級者の仲間入りを果たすことができます。株とは、気づきと改善の繰り返しによってのみ、上達するものだからです。

似たような経験を積み重ねるうちに、いつしか成功を再現するためのコツが身につきます。これを、スポーツや武術の世界では「型《かた》」といいます。

この型を手に入れるまでは、基本的には同じやり方を繰り返すことができるまでは、実践で続けていくことをおすすめします。

株式売買とは、極論をいってしまえば、いつ買っていつ売るかです。そのタイミングを習得して、自分が勝てるパターンを知り、それに特化するほうが、成功の確率は高まります。

チャートブックを見ていてある規則性に気づく

ここまでで、基本的な技術の話はおしまいです。

しかし、さらなる上級者をめざすのであれば、もうひとつ、マスターしておかなければならないことがあります。

本章で紹介する、**「銘柄をロックオン」**です。

株での勝率を高めるためには、チャートがボックス相場圏にあるか、規則的な周期でうねりの底値にあるものを選ぶことが必要です。これは、第４章で何度もお伝えしてきたことです。

事実、投資歴３年目ぐらいから、私は新聞やニュースの情報で投資をおこなうことをやめました。

かわりに、書店で市販されているチャートブックを買ってきては、毎週末、朝からカフェにこもり、赤ペンを片手に自分が勝ちやすいチャートを探して、実践で活用しはじめました。

こうして、毎週のようにチャートをチェックしていて、あるとき、ふと気づいたことがありました。

「あれ、この銘柄、いつも上昇しては、数ヶ月単位で下落をはじめているぞ」

「この株は、毎年、同じ時期に、同じように規則的な動きをしている」

そのことに気づいた私は、今度はより注意深く、銘柄を絞って、チャートのチェックをはじめました。

すると、いくつかの銘柄は一定の下値でリバウンドするかのように跳ね返されて、数年にわたって上昇していることがわかったのです。

であれば、より動きに規則性をもった銘柄だけに買いを絞ったほうが、利益が得やすいと考えました。

かんたんに波に乗りやすく、勝ちやすいと。

2 株の億万長者がひた隠しにしてきた真実とは

あとで気づいたことですが、専門の銘柄を持つというのは、アメリカで投資のプロと呼ばれる相場師や、近代の米相場を牛耳《ぎゅうじ》ってきた日本の米問屋が実践してきた、奥の手中の奥の手でした。

アメリカで巨万の富を築いたジョージ・ソロスも、一度、攻める銘柄を決めると、決して浮気をしなかったといいます。

数年かけて動きを研究し、しつこいぐらいに同じ銘柄で売り浴びせ、買い集めを繰り返しています。

ひとつの銘柄から集中して利益を積み上げていく。そうすることで、気がつくと、信じられないような莫大な利益が、手中に転がり込んでいるのです。

もちろん、彼らのようなプロの相場師と、私たち一般投資家では、動かしている資金も、手に入る情報量も、経験の年数も違います。

それでも、自分と相性のよいチャートの動きをする銘柄に絞り込んで、その規則性に沿った売買をおこなうというのは、とても理にかなった投資手法だと思います。

利益の7割を同じ銘柄で稼ぐ

たとえば、私がとくに相性がよかったのが大同特殊鋼です。上にいっては、また元値に戻ってくるということを、何年も繰り返していました。

この大同特殊鋼に目をつけてから、私の売買手法は変わりました。

実際、私の2011年から得た株の利益のうち、3分の1程度は大同特殊鋼からのものです。

いいえ、それだけではありません。**1億円以上の利益を達成した私ですが、なんと、そのうちの7割は同じ銘柄からの利益です。**

こうした手の内を話すと、驚く人が大半です。なるほどと頷く人は1割です。そして、その1割は、おそらく株の上級者です。

実は、多くの人が誤解しています。

株の上級者ほど、たくさんの銘柄に精通して、数多くの銘柄に投資して、それぞれから均等に利益を上げていると。

しかし、実際はその逆です。むしろ、**同じ銘柄から、何度も何度も、しつこく利益を稼いでいる**のです。

これは大げさではありません。

株のプロとも呼ばれる上級者は、東証に上場するほとんどの銘柄に精通したアナリストのような人間ではありません。

どちらかというと、情報をシャットアウトして、取り扱う銘柄をとことん絞っています。

銘柄もころころと変えたりしません。

ニュースや新聞の情報に頼りきりで、なんの信念もなく、銘柄をどんどん変えていくのは、むしろ初級者のやり方です。

たとえ一度は売ってしまった株も、3ヶ月あるいは6ヶ月もすると、買ったときの値段に戻ってきているものです。

それをわかっているから、株の上級者はほどよいところでチェックして、前回と同じストライクゾーンの銘柄から、ゆっくりと、引きつけるようにして売買しています。

3 ロックオン投資法は、あなたを投資のストレスから解放してくれる

同一銘柄で、テンポよく利益を稼ぎ出す。

これを、私は銘柄をロックオン（固定）するということで、**「ロックオン投資法」**と呼んでいます。

戦闘機が追尾をしながらレーダーでロックオン、狙いすましてから一発、二発とミサイルを放ち、確実に撃墜するのと似ています。

ロックオン投資法の利点はいくつかありますが、主には次の5つです。

（1）初心者でも勝ちやすい

（2）先に紹介した2つの技術、「うねりチャート底値買い」「分割売買」と相性がよい

（3）時間が豊かになる

（4）チェックがかんたん

(5) 余計な情報に惑わされなくなる

どれも、重要な項目ばかりです。ひとつずつ、紹介していきましょう。

(1) 初心者でも勝ちやすい

初心者ほど、市場にある多くの銘柄から、儲かる株を選ぼうとします。

しかし、実際にすべての銘柄をチェックすることは、専業のトレーダーでも不可能です。

また、不慣れな銘柄では、前後のチャートの動きも捉えにくく、将来の予測もつきません。

こうした問題を解決するには、どうすればいいのか。

そこで、ロックオン投資法です。

どのような仕事でも、業種を絞れば絞るほど、勝ちやすく、また負けにくくなることは、常識として知られています。

たとえば、ある有名な上場企業の社長が、このような面白いことを言っていました。

「名刺を何枚も持っていたり、名刺の裏側にびっしりと、ありとあらゆる業種が書かれていたりするのは、たいていの場合、あまり儲かっていないし、ビジネスもうまくいっていない証拠だよ」

私はこれを聞いて、頷《うなづ》くと同時に、深く納得してしまいました。

これと似たような経験があるからです。

私は投資家のかたわら、社長業もしています。そのため、たまにこうしたシーンに出くわすからです。

交流会などで名刺交換すると、実はこんなこともしているんです、あんなところの顧問もしていて、と聞いてもいないのに、何枚も代表や顧問の肩書きの名刺を持ち出してきたりする。あるいは、名刺の裏を見ると、ＳＥＯ対策から人材紹介まで、幅広い業種がカバーしてあり、いったいこの人の本業はなんなのだろうと悩んでしまう人がいます。

こうした人は、たいていの場合、自分の強みをよく理解できていないか、勝てる市場を絞りきれていないかの、どちらかです。

逆に、自分の勝ちパターンをよく理解できている人は、多くを狙わず、ひとつに絞って、その効果の働く範囲でのみ、着実に利益を稼ぎだします。

動きに慣れた銘柄に資金と売買を固定する

株も、これと同じです。

自分が勝てる見込みのあるところ以外は、いさぎよく削っていく。

そうすることで、逆に強みは磨かれて、無駄がなくなっていく。

とくに、動きに慣れきった銘柄に、資金と売買を固定するというのは自然なことです。

毎日、その銘柄だけを追っていれば、うねりのリズムも、自然と肌になじんできます。

「ああ、この先はこう分割しよう」「次はこう入れて、ここで利益を確定させよう」と、頭のなかにチャートを思い浮かべながら、いつでもシミュレーションをおこなうことができます。


たとえば、先ほど紹介した大同特殊鋼も、そうした銘柄のひとつです。

私にとって、大同特殊鋼は厳しい市場をともに戦ってくれた、まさに戦友のような銘柄。

その結果、多くの利益を、私にもたらしてくれました。

現在は高値ゾーンに移動して、売買の中心にありませんが、それでもどのあたりに株価があり、今後どのような動きをするかを、2つ、3つと、頭のなかに描き出せます。

もし、ふたたび私の得意とする値まで戻ってきたら、迷うことなく、最初の一手を入れるでしょう。

この戦友と、ふたたび手を取り合って戦う日が、今から待ち遠しいものです。

あなたにはどれだけ、戦友と呼べる銘柄がありますか?

(2) 先に紹介した2つの技術、「うねりチャート底値買い」「分割売買」と相性がよい

スポーツでも、空手やボクシングなどの武術や格闘技でも、技術の習得に必要なものが2つあります。

- **反復**
- **応用**

の2つです。

反復は、基礎を確実なものにするために必要です。

一方、応用は成功だけでは手に入りません。失敗によっても、気づかされるものだからです。実践を繰り返しながら、じょじょに失敗を減らして、成功の確率を上げていくわけです。

最初から成功しかしていなければ、それは、大きな失敗をするリスクを蓄えているにすぎません。

そのため、いかにこの反復と応用を両立できるかが、勝てる投資家になるために、とても大切になります。

ロックオン投資法は、こうした面から見ても、非常に優れています。

最初から、チャートの動きの規則性に目を向けて、銘柄を選んでいます。

そのため、底値の判断や、未来の動きの予測がある程度しやすく、売買の判断もつきやすくなります。

迷いや余計な判断がいらないということは、技術の反復練習に集中できるということでもあるからです。

(3) 時間が豊かになる

ロックオン投資法をおすすめする3つ目のメリット、それは、時間が節約できる点にあります。

株をはじめた当初、私は投資に没頭していました。

株の取引にどれだけ時間を使っていたかということも、あまり気にしませんでした。そのため、気がつくと、寝ているとき以外は株価をチェック。移動中もモバイルサイトで銘柄をリサーチ。あげくに、トイレのなかでまで指数を観察して、一喜一憂していました。

また、思うように利益が上がらなかったり、株が暴落した翌日などは、それこそ最悪人間。ときには、家族との会話もそっちのけ。話しかけられるのもおっくうで、すぐに自室にひきこもって、薄暗い部屋のなかで株価チャートを眺めながら対策ばかり練っていました。

もっとも、これは他人事ではないはずです。

読者のなかにも、こうした体験をすでにしている、あるいは、今まさにそうした状態にある人がいるはずです。

しかし、考えてみると、変だと思いませんか。

株取引を第二のお金儲け、というと言葉は悪いのですが、資産形成のビジネスとして考えた場合、こうした時間は残業をしたり、休日にオフィスで仕事をしたりしているのと、なんら変わりないのです。

休日出勤を頼まれると嫌でたまらないのに、なぜ、株取引だと家族との貴重な団らんの時間まで使っても平気なのでしょうか。

これって、ちょっとおかしいですよね。

できるだけ時間をかけずに株取引をしたい

そこで、私は考え方そのものを、少し変えることにしました。

そもそも、なぜ株取引をおこなうのか。その理由を、人生をハッピーにして、家族を幸せにするためとしたのです。

まず、なんのために株取引をおこなうのかという原点に立ち返ることにしたのです。

すると、株取引はたしかにお金儲けの有益な手段だが、一方で、人生のことを考えると、読書をしたり、スポーツを楽しんだり、家族と会話しているほうが、クオリティが高いということに気がつきました。

株に心をとらわれたり、負けてイライラして人に八つ当たりしている時間は、はたして有意義なのだろうか。そう冷静に考えるようになったのです。

お金はもちろん大切です。ですが、金銭欲に支配された人生は、けっして質が高いものではありません。

そこから、私はできるだけ時間をかけずに株取引をすることに重点を置くようになりました。

いかに少ない時間で、効率よく稼ぐか。これこそ、真に人生を豊かにするということだと気がついたからです。

それから、私は１日５分でできる「ロックオン投資法」を編み出しました。絞り込んだ銘柄を、ＰＣでざっとチェックするだけ。たったこれだけの作業で、株に勝てる方法です。

ロックする銘柄も、最大１００銘柄に絞っています。

つまり、**私は1日5分の単純作業で、1億円以上のお金を生み出したともいえます。**

これって、ある意味、すごくないですか。

ただ、これは技術の習得が先にあったからこそ、できたことです。もし、技術を無視して、効率だけを優先していたら、逆の結果になっていたことでしょう。

けっして、ラクしてお金持ちになれる方法を、紹介しているわけではありません。ここを強く念押ししておかないと、株で幸せになる人を増やしたいという私の意図から大きく外れてしまいます。その点だけは、どうか誤解しないようにお願いします。

(4) チェックがかんたん

このあと詳しく解説しますが、ＰＣとインターネット環境があれば、ロックオン銘柄をかんたんにチェックすることができます。

そのために私がおこなっている、とっておきの方法をお教えします。

これを知るだけで、日々わずらわしい銘柄チェックに時間と労力をかける必要がなくなります。


さらに、それだけではありません。

ロックオンした銘柄を本当に自分のものにして、動きに強くなるためには、定期的にチャートを確認して、慣れきってしまう必要があります。

一方、PCを活用したロックオン銘柄のチェック方法を知れば、そうした一連の要素も、なんのストレスもなくおこなえるようになります。

それだけで、あなたはほかの投資家よりも一歩も二歩も、有利に株取引を進めることができるようになるでしょう。

(5) 余計な情報に惑わされなくなる

意外に思われる方もいるかもしれません。

しかし、最後に紹介する「余計な情報に惑わされなくなる」は、とても重要なロックオン投資法のメリットです。

一般的な投資家というのは、とにかく、ありとあらゆる情報の洪水におぼれている状態です。

しかしながら、その９割は、ほとんど無価値の情報です。

無駄な情報は、トレードを阻害する雑音でしかありません。

そもそも、情報の優位性とは、誰も知らないからこそ得られるものです。『会社四季報』にしろ、ネット上の掲示板にしろ、おおやけになっている時点で、ほぼその優位性はなくなっているのです。

政府の発表すら、私はあまり参考にしません。もっとも、ほかの投資家とはいっていることが正反対すぎて、戸惑う方もいるでしょうが。

ですが、それには理由があります。

なぜなら、政府が発表する株価対策や景況感は、そもそも情報を利用するためにおこなっているものだからです。

つまり、政府にとっては、国民を安心させて、政府への信頼感を向上させることが目的。

そのためには、多少の事後調整には、目をつぶるでしょう。

ちなみに、私が投資をする判断とは、うねり、分割売買、タイミング、最初の1手の感触、撤退の決断。あとは、『会社四季報』や日経新聞などから倒産リスクがあるかを知るだけです。

大切なのは、チャートの動きに合わせること、時間を味方につけること、資金に余裕をもって、ゆっくりと引きつけるように分割売買をおこなうこと。

これだけです。

情報ばかりに気をとられているうちは、一日でもそれに触れていないと、不安でしょうがないものです。

逆に、**おおやけの情報なんて何の役にも立たないのだと腹をくくると、自然と迷いが消えていきます。技術どおりに、チャートの動きに手元の意識を集中することもできるようになります。**

4 株の銘柄は探すものではなく固定するものだと知る

ここからは、具体的にロックオン銘柄の選び方を紹介していきます。

ロックオン銘柄を探す理由

銘柄選びは、難しい。そう思っている方もいらっしゃると思います。

たしかに、それは一理あります。東証一部に上場している銘柄だけで２０００銘柄近くあります。さらに、東証二部やマザーズまでを合算すると数倍です。

株の売買を仕事にしているファンドなどの投資家ならまだしも、私たち一般人がすべての銘柄をチェックして、財務状況を確認しながら選定するのには多すぎます。

しかし、**実は株というのは「選ぶものではなく、固定するもの」です**。

すでに厳選してある樹木から、一番おいしく実っているくだものを、選び取るのです。

次のステップで紹介する手順で進めば、株をはじめようとする初心者でも、誰でもかんたんに、ここで推奨するロックオン銘柄を見つけ出せます。

案ずるより産むがやすし。さっそく、説明してまいりましょう。

（1）とにかく、面倒な作業はパスしたい方

まず、わざわざ、ロックオン銘柄を探すのが面倒だという方。

とくにサラリーマンや忙しい主婦であれば、コストや時間をなるべく節約したいという気持ちも理解できます。

そんな方は巻末の「厳選ロックオン22銘柄」から、スタートしてみてください。

相場経験10年以上の私が、膨大な時間と失敗とコスト（損失も含めて）をかけて、研究に研究を重ねて選出した銘柄ばかりです。

実際、今も私はロックオン銘柄で投資をしながら、年間1000万円以上の利益を上げています。毎日、リアルタイムでモニタリングして、売買に利用している銘柄なのです。

（2）「チャートブック」でうねりチャートを探す

銘柄探しも技術だ。だから、やっぱり自分で探したい。

そんな方は、こちらです（基本的には、私もこちらを推奨しています）。

最初は書店などで市販されている「週刊ゴールデンチャート」（株式会社ゴールデン・チャート社）などのチャートブックから、できれば東証一部銘柄に絞って、うねりチャートを探します。

見つけたら、赤いボールペンで丸をつけながら、付箋や折り目をつけましょう。

ペラペラとめくりながら、探していけばいいです。見落としても、探すチャンスは、このあといくらでもあります。

あまり精密さにこだわると、時間がかかるばかりで、疲労もそうとうなものになります。

また、こうした作業は慣れも大切です。

最初はおそらく、予想以上に時間がかかってしまうかもしれません。

しかしながら、何度も繰り返すうちに、じょじょに生産性が上がってきて、短時間であなたが理想とするうねりチャートを見つけることができるようになります。

図表31「週刊ゴールデンチャート」でうねりチャートを探す

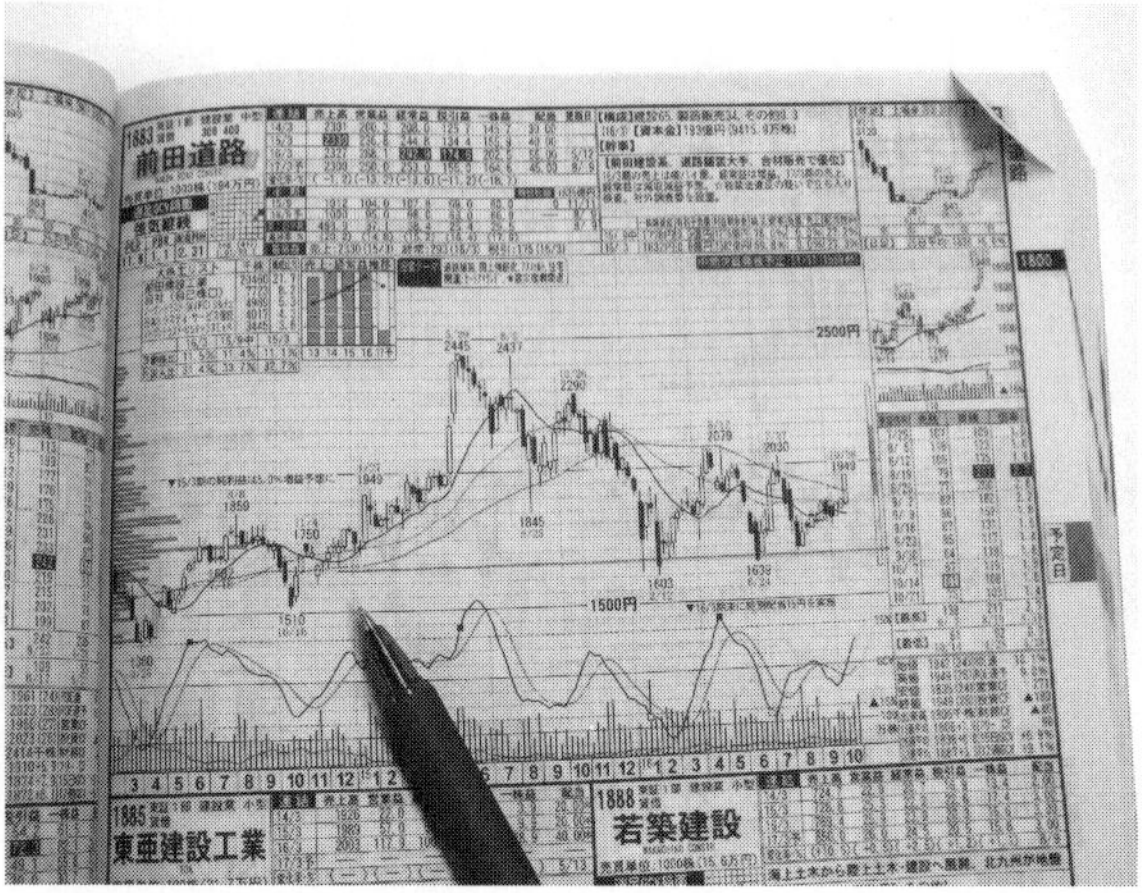

仮に、まったく見つからないのであれば、そのときはあきらめましょう。

残念ながら、どの銘柄もまだチャート的に買いの状況にないということです。

初心者ほど、そうしたときに無理をしたり、欲しくもない銘柄に投資したりしてしまいがちです。

もちろん、私もまだまだ制御がきかないときがあります。けれども、そうした場合、たいていうまくいきません。

趣味の投資ならそれでもいいのですが、勝つための投資にこだわるのであれば、それは負けへの第一歩です。

本書の冒頭でもお話ししたように、株取引はタイミングが5割。急がずとも、待っていれば、かならずチャンスが訪れます。

じっくり待つのも技術のひとつ

実は、**プロの相場師ほど、この「じっくり待つ」という技術を重視します**。

自分が勝てるタイミングでしか、勝負をしない。そこまでの心の余裕ができたら、相場を有利に進めることができます。それだけで、勝率も劇的に上がるはずです。

しかし、わかっていても、これがなかなか難しい。

頭では理解していても、市場の欲望や恐怖というものに、心がとらわれるためです。

今、この銘柄に投資をしなければ、損をしてしまうという恐怖。そして、もっと早く財産を築きたいという欲望。この2つのせいで、あなたは相場を「待つ」ことができないのです。

「休むも相場」とは、こうした投資家をいさめる言葉として誕生したのだと私は思います。

9割の投資家が、いつでも稼がなきゃと焦っています。

むしろ気長に待つぐらいの姿勢でいましょう。

それだけで、逆張りと同じ効果がありますよ。

（3）探し出した銘柄を、日経フォルダに入れる

探し出した銘柄は、証券会社のインターネット口座にあるフォルダに入れたり、切り取ってファイリングしたりするなどして、あなたの好きなように管理してください。チェックしやすいのであれば、どのような方法でもかまいません。

ここでは、私のオリジナルの方法を紹介します。よろしければ参考にしてください。短時間で銘柄のチャートや管理ができるようになるからです。もちろん、あなた流にアレンジしていただいてもけっこうです。

私の場合は、「日経銘柄フォルダ」という管理ツールを使っています。

意外と知られていないのですが、このツールの機能や操作性が、抜群に優れているのです。

ちなみに、このサービスは日経新聞電子版を購読して、はじめて使用できるサービスです。費用は、月額４２００円。フォルダ機能だけでなく、ＰＣやモバイル上で日経新聞電子版も見られるようになります。

もちろん、出費が痛いという場合は、チャートブックを切り取って管理したり、お使いの証券口座で管理したりしていただいても問題ありません。

ちなみに、このツールの最大の特徴は、その操作性にあります。無駄がなく、いたってシンプルなのです。たとえば、銘柄の登録方法なら、以下の手順です。

日経銘柄フォルダの操作手順

・〈銘柄登録〉を選択

▼

・指定された空欄に〈銘柄コード〉を順番に入力（図表32参照）

▼

・〈変更を保存する〉を押す

たった、これだけ。マイクロソフトのエクセルを操作するのと、なんら変わりません。選び出した数にもよりますが、慣れてくれば、銘柄登録はものの数分で完了します。

図表32 「日経銘柄フォルダ」で銘柄を管理する

銘柄コードを入力して、保存するだけで登録可能。
登録された銘柄はチャート付きで一覧表示される(図表33参照)。

出所:日経電子版「日経銘柄フォルダ」より

実は、**この操作性や管理のしやすさは、私にとってはかなり驚異的でした。**

チャートも横並びになっていて、クリックや拡大などの操作を一切せずに、一画面でチェックできます。180ページの図表33のように、パソコン画面で見ると、中央に株価、右側にチャートが並びます。どちらも同時に見られて、これもとても便利です。

これであれば、通勤・通学やお昼休みなどの、ちょっとしたスキマ時間にチェックできますよね。

前述しましたが、私は3つの証券口座を使っています。それぞれに、無料の銘柄管理ツールもついています。そのため、工夫しながらそうしたツールを使っていました。

しかしながら、どれも一長一短で、なかなか思うように使えません。

もっと使いやすい管理ソフトはないものか、そう思っていたときに、この日経電子版のツールに出合い、すっかりほれ込んでしまいました。

私にとっては、これまでの作業ストレスや生産性などを考えると、この程度のコストは目をつぶるに十分値するものでした。

(5) できれば毎日5分、さっと目を通してチェックする

これで、スタンバイは完了。

あとは、毎日5分、上から下に、さっと目を通して、銘柄のうねりを観察します。

もちろん、急な出張や仕事などで、どうしても見られないこともあるかと思います。そうしたときは、当然、時間の間隔を空けていただいてかまいません。

ただ、ロックオン銘柄に慣れて、一日も早く、そのうねりの動きを自分のものにしたいのであれば、できるだけ、1日5分でいいので観察することをお勧めします。

毎日見るのが難しい方は、せめて週に一度、週末にご自宅でチェックするようにしてください。

図表33 「日経銘柄フォルダ」ならストレスなく管理できる

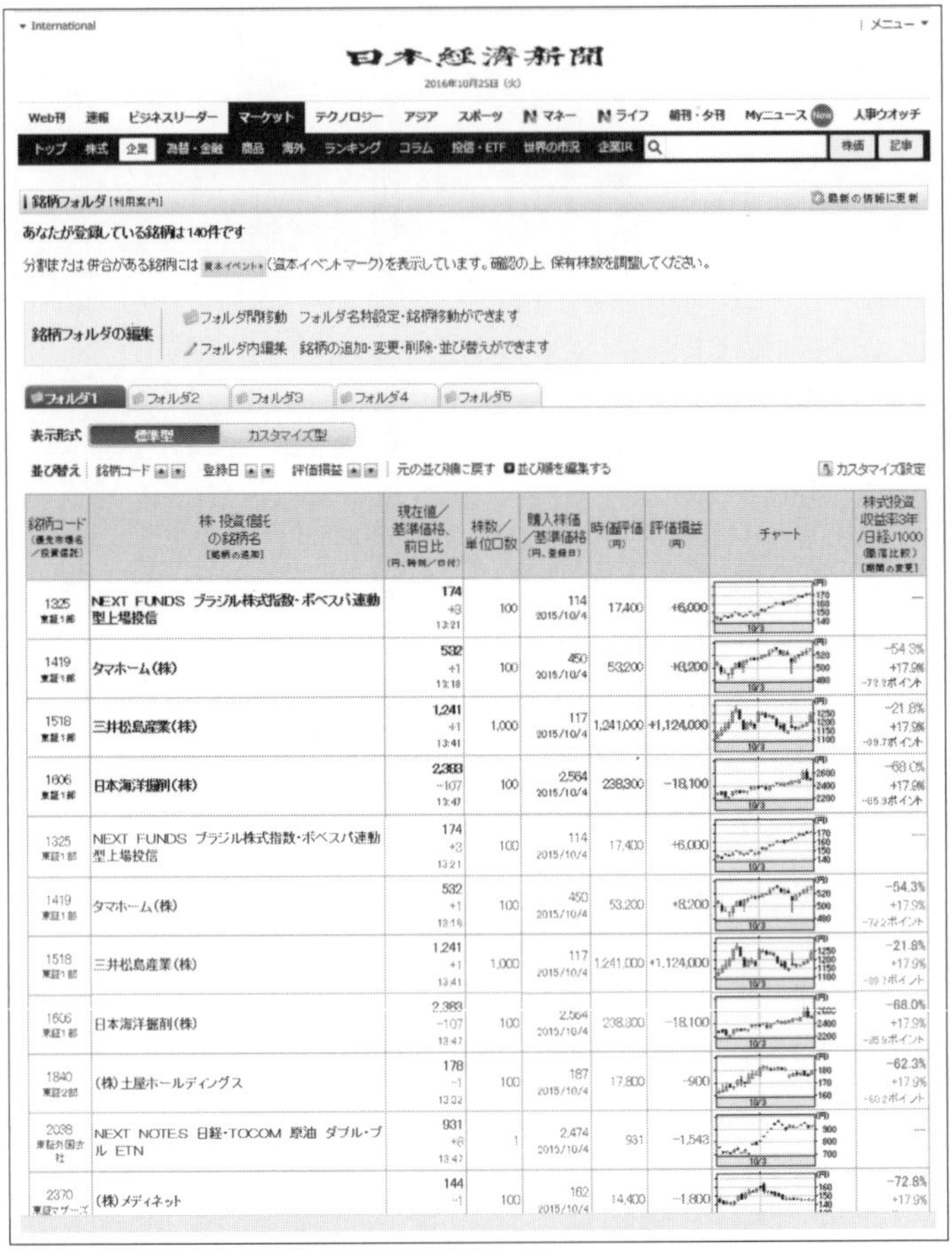

▾ International　｜メニュー▾

日本経済新聞

2016年10月25日（火）

Web刊　速報　ビジネスリーダー　マーケット　テクノロジー　アジア　スポーツ　Nマネー　Nライフ　朝刊・夕刊　Myニュース　人事ウオッチ

トップ　株式　企業　為替・金融　商品　海外　ランキング　コラム　投信・ETF　世界の市況　企業IR　株価　記事

銘柄フォルダ［利用案内］　最新の情報に更新

あなたが登録している銘柄は140件です

分割または併合がある銘柄には 資本イベント（資本イベントマーク）を表示しています。確認の上、保有株数を調整してください。

銘柄フォルダの編集　フォルダ間移動　フォルダ名称設定・銘柄移動ができます
フォルダ内編集　銘柄の追加・変更・削除・並び替えができます

フォルダ1　フォルダ2　フォルダ3　フォルダ4　フォルダ5

表示形式　標準型　カスタマイズ型

並び替え　銘柄コード　登録日　評価損益　｜元の並び順に戻す　並び順を編集する　カスタマイズ設定

銘柄コード（優先市場名／投資信託）	株・投資信託の銘柄名［銘柄の追加］	現在値／基準価格、前日比（円、時刻／日付）	株数／単位口数	購入株価／基準価格（円、登録日）	時価評価（円）	評価損益（円）	チャート	株式投資収益率3年／日経J1000（騰落比較）［期間の変更］
1325 東証1部	NEXT FUNDS ブラジル株式指数・ボベスパ連動型上場投信	174 +3 13:21	100	114 2015/10/4	17,400	+6,000		―
1419 東証1部	タマホーム(株)	532 +1 13:18	100	450 2015/10/4	53,200	+8,200		−54.3% +17.9% −72.2ポイント
1518 東証1部	三井松島産業(株)	1,241 +1 13:41	1,000	117 2015/10/4	1,241,000	+1,124,000		−21.8% +17.9% −39.7ポイント
1606 東証1部	日本海洋掘削(株)	2,383 −107 13:47	100	2,564 2015/10/4	238,300	−18,100		−68.0% +17.9% −85.9ポイント
1325 東証1部	NEXT FUNDS ブラジル株式指数・ボベスパ連動型上場投信	174 +3 13:21	100	114 2015/10/4	17,400	+6,000		―
1419 東証1部	タマホーム(株)	532 +1 13:18	100	450 2015/10/4	53,200	+8,200		−54.3% +17.9% −72.2ポイント
1518 東証1部	三井松島産業(株)	1,241 +1 13:41	1,000	117 2015/10/4	1,241,000	+1,124,000		−21.8% +17.9% −39.7ポイント
1606 東証1部	日本海洋掘削(株)	2,383 −107 13:47	100	2,564 2015/10/4	238,300	−18,100		−68.0% +17.9% −85.9ポイント
1840 東証2部	(株)土屋ホールディングス	178 −1 13:32	100	187 2015/10/4	17,800	−900		−62.3% +17.9% −80.2ポイント
2038 東証外国会社	NEXT NOTES 日経・TOCOM 原油 ダブル・ブル ETN	931 +8 13:47	1	2,474 2015/10/4	931	−1,543		―
2370 東証マザーズ	(株)メディネット	144 −1	100	162 2015/10/4	14,400	−1,800		−72.8% +17.9%

銘柄の右側にチャートの動きが表示されます。
忙しい毎日でもストレスなし。
1日5分、スクロールひとつですべてのロックオン銘柄のチャートの動きをチェックできる。

出所：日経電子版「日経銘柄フォルダ」より

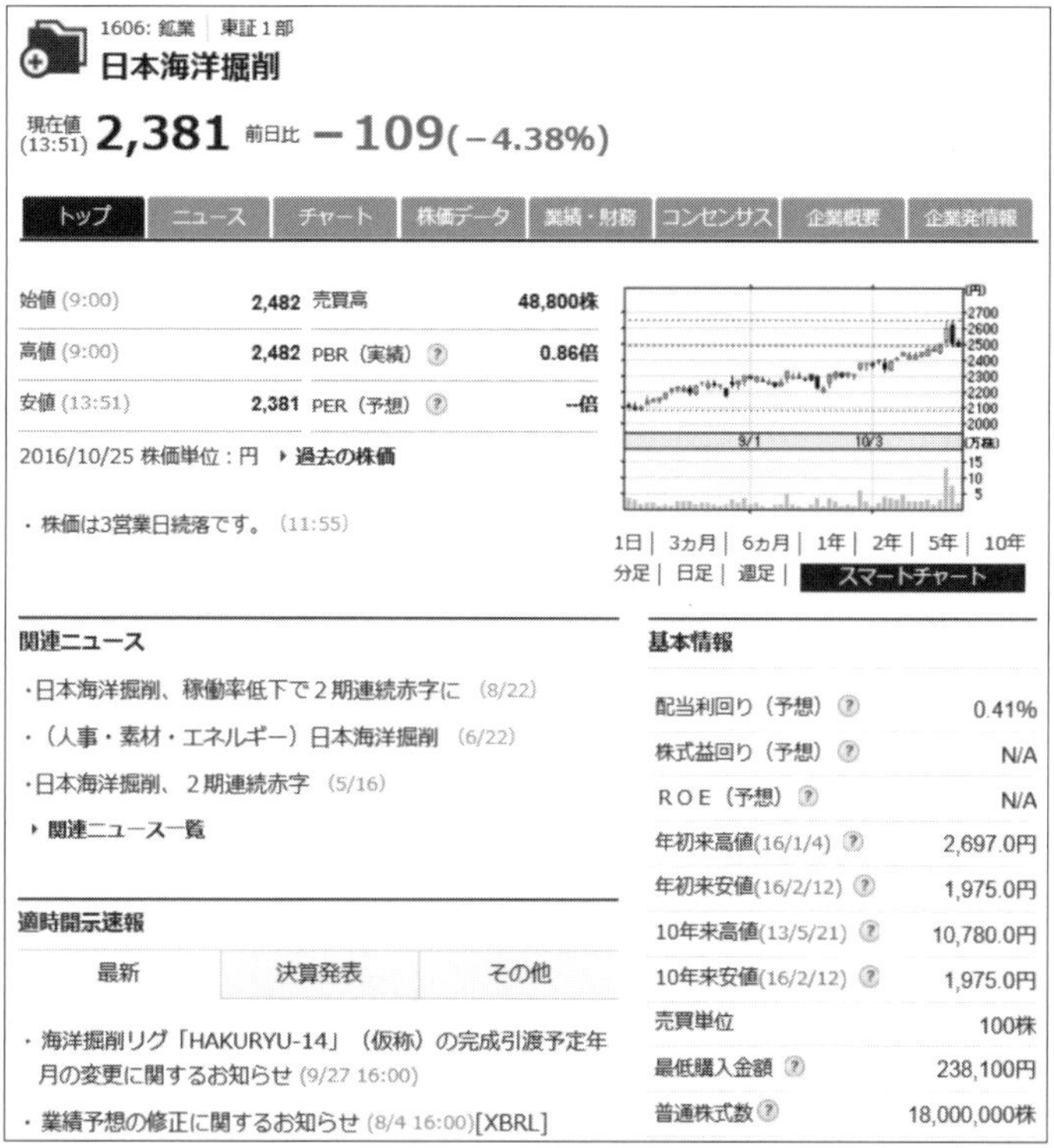

銘柄をクリックすると、日本経済新聞の銘柄詳細ページへ移動。
各種の財務情報だけでなく、過去に日経新聞に掲載されてきた決算情報や人事ニュースなども確認できる。

出所：日経電子版「日経銘柄フォルダ」より

5 ロックオン銘柄探しは、休日の空き時間に集中してやろう

相場に慣れてくるほど、あなたの銘柄を見る目は磨かれていきます。

お気に入りのうねりチャートのロックオン銘柄も、それに合わせて、じょじょに増えていくことになるでしょう。私に言わせれば、それは心強い将棋の手駒が増えていくような気分です。ここまでくれば、先ほど紹介したようなチャートブックを使ったうねりのチャート探しも必要がなくなります。

たまに、気が向いたら、ロックオン銘柄のメンテナンスをおこなうぐらいでよくなります。ちなみに、私がチャートブックで、ロックオン銘柄のメンテナンスをしていたのは、本格的に投資の技術に向き合うようになった最初の1年だけでした。

その後は、もうこの作業はおこなっていません。

探すときは一気に片付ける

東証一部銘柄だけでも、およそ2000銘柄近くあるため、このロックオン銘柄探しは、まとまった時間があるときが一番望ましいと思います。私は、休日を利用します。

スタバなどに2時間ほどこもって、コーヒー片手に、一気に片づけてしまいましょう。面倒な作業ではありますが、この銘柄たちが、いずれ金の成る木になるのだと思えば、楽しい作業に変わってきます。

これで、すべての作業は終了です。

いかがでしょうか。意外と簡単だったのではありませんか。

ただし、何事も準備8割といいます。銘柄の選び方、チャート変化の捉え方は、日々、値動きを追うことで培われます。

勝てる投資家をめざすのであれば、なにより、この「変化に対応できる感覚」を身につけることを大切にしてください。

あとは、日々、チャートをチェックして、うねりの底値を確認するだけです。

あなたのストライクゾーンまできたロックオン銘柄があれば、ゆっくりと、時間を味方につけながら、株の分割買いを仕掛けていってください。

第5章まとめ

◎勝つ投資家の基本の型、それが「ロックオン投資法」。

◎上級者になればなるほど、同じ銘柄から、何度も何度も、しつこく利益を稼いでいる。

◎ロックオン投資法は、あなたを投資のストレスから解放してくれる。

◎「チャートブック」でうねりチャートを探す。

◎「ロックオン銘柄」は、1日5分を目安にチェックする。

第6章

リスクマネジメントで大切な資産を守る

1 毎年、コンスタントに1000万円以上の利益を上げるには？

ここまでで、すべての技術を紹介してきました。あなたはすでに、株の中・上級者と同じぐらいの知識レベルが身についているはずです。あとは、実践で技術を磨き、儲かる投資家への道を着実に進んでください。

タイミング5割、技術3割、銘柄選びは2割だけ。これが勝つためのルールです。とくに、数年に一度、到来するチャンスには、3倍、4倍の利益を生み出せるようにもなるでしょう。ただ、そのためには、普段から投資の技術の向上が必要です。

ちなみに、2016年は、かなり凪《なぎ》の相場でした。凪とは、ほとんど動きがないことをいいます。それでも、1000万円以上の利益を生み出せるようになったことは、自分でも驚きでした。また、これとは別に、株式投資には配当もあります。私は経営者ですので、なにかあれば社員の給与をまず優先しなければなりません。ですので、株の利益は心理的な安心感につながっています。

2 守りの投資技術は「資産防衛」の最後の砦

ここまでのお話は、基本的には株が上昇することを前提にしています。

一方で、株式市場には、暴落というタイミングがあります。

業績悪化や不祥事によって、株価が一気に下落することもあります。最悪のケースでは、倒産する企業も出てきます。

倒産すれば、株は紙くず同然です。株価1円まで下落してしまい、大きな痛手をこうむることになります。

そんなときのために、防衛のための手段がなければなりません。ただ、頭を抱えてチャートを眺めているだけでは、最悪、積み上げてきた資産を一瞬で失いかねません。

そこで、本章では、資産防衛のための知識と技術についてお話しします。

勝つ投資家になるために、知っておかなければならない**「守りの投資技術」**です。

ただ、理論だけでは、いざというとき使えません。そこで、私の失敗談などもふまえながら、初心者にもわかりやすく紹介していきたいと思います。

暴落はいつやってくるのか？

まず、暴落はいつやってくるのかです。実はこれ、ノストラダムスの大予言と同じぐらい、誰にもわかりません。ただ、ある研究所のデータによれば、小さな暴落は年に一度のペースで発生しているといいます。さらに、暴落となると3年に一度。大暴落（リセッション）は、ほぼ10年に一度の周期で起こっているそうです。

目に見えない敵と対峙するのは、非常に困難です。しかし、大相場を演じる急激な上昇相場のあとには、かならず、大きな反動相場が起こります。

山高ければ、谷深し。

市場とはつまり、そうした急上昇と急降下の循環を、呼吸のように繰り返している生き物のような存在、そう認識すればいいのです。

それさえわかってしまえば、上昇相場で利益が出ていることに安堵せず、むしろ、勝っているうちに次の暴落に備えるべきだということがわかります。

3 未来は予測するものではなく準備して待つもの

つまり、株式投資というのは、**未来を予測するものではなく、準備するものなのです。**

先々のチャートの正確な動きなど、誰にもわかりません。

プロの相場師なら先々の動きが読める。そう思っている方がいたら、とんでもなく大きな間違いです。

私は数人ではありますが、相場だけで生活しているプロの相場師を知っています。

彼らは、働くことをせず、株からの利益と配当だけでリタイア生活を送っています。

そんな彼らのオフィスに、たまに相場感覚をやしなうために遊びに行ったりもします。

すると、当然、話は株式市場の話題になる……。

もちろん、経験豊富な相場師です。

今後の予想も理路整然としています。

話を聞いていると、市場も日本経済も、そのとおりに進んでいきそうな感覚にとらわれます。

しかし、数ヶ月たって、いざふたを開けてみると、予想が大外れだったことも一度や二度ではありません。

そこで、心配になって連絡をしてみる。

すると、「ああ、あれね。はずれちゃったよ。だから、つなぎの売り（買いだけでなくカラ売りを入れて、どちらに動いても対応できるよう保険をかけてつなぐこと）を入れといた。今はそっちの利益が乗っちゃって大きいの」という始末です。

つまり、経験がいくらあっても、短期的には相場の予想はつねに半々。プロであっても、当たるも八卦当たらぬも八卦、なのです。

だから、早めに利益確定をして、自由に動かせる現金資金をつくります。次の下降相場で、ふたたび分割売買ができるように備えるためです。

これができる投資家と、できない投資家とでは、資産の伸び方も大きく変わります。

利益確定ができない投資家は、一見すると急激に資産が伸びているように感じられます。しかし、株の含み益は売りを確定して、はじめて「利益」となります。

まして、下降トレンドがはじまったタイミングでは、含み益が転じて含む損になってしまい、資産を減らしかねません。積み上げてきた利益のほとんどを失ってしまうかもしれません。

それを防ぐために大切なことが、利益をしっかりと確定するという技術です。

「なんだ、そんなの当たり前じゃないか」

そう思われる方も多いでしょう。

しかし、実のところ、これがなかなか難しい。

私がつきっきりで株を教えている社員でも、

「そろそろ天井だから売ったほうがいいよ」

「下がったところを、また買えばいいじゃないか」

といくら言っても、どうしても売らない。いや、売れないのです。

結局、また元の値まで戻ってきて、

「あのとき売ったのか」と聞くと、

「いえ、売れずに持ち続けてしまいました」と残念そうな声が返ってくる始末です。

どうして、売らなかったのか。

そう質問しても、本人も皆目見当がつきません。

ただ、最近になって、これは経験もそうですが、性格や心理面も強く影響しているのだと気がつきました。

4 利益確定のタイミングは性格やリスク許容度で変わってくる

暴落の波にのまれて、まったく損失を出さない投資家はいません。

株の上級者や、プロの相場師でもそうです。

分割買いは、そもそも、そのために時間をかけてリスクを分散する手法です。

先に行くほど下がっていく相場に強い技術ではあるのですが、反面、**もっとも苦しいのが、下落のとちゅうを買い下がっていくとき**です。


とくに、下げ相場は、買い挑むほどに利益が相反する関係になります。

なぜなら、市場のもっとも大底が、分割でいう最後の打ち手近くになっていることがほとんどだからです。

私のように資産が大きくなると、打ち手が10回ほどに分割されることがあります。当然、下げ相場が進むほどに、マイナス幅も大きくなります。

逆に、いったん反転すれば、上昇に合わせて利益がどんどん膨らみます。

このように、利益が膨らんできたら、今度は少しずつ利益確定をはじめます。

もし、口座を分けたり、信用取引で銘柄を分割しているのであれば、個別にも対応が可能です。その場合は、含み益のある分割の打ち手から、着実に利益確定をしていきます。

利益確定は早めにして資金の回転率を高める

では、どれぐらいの含み益になったら、利益確定をすべきなのでしょうか。

明確な答えをお伝えしたいところですが、正直なところ、それは、人それぞれといわざるをえません。

その人の資産やリスク耐性度、気が早いか遅いかなどの性格によっても、変わってくるからです。

ちなみに、私はせっかちなほうですので、利食いも人より早めだと思います。

一方で、一般の投資家は、利益の確定が早すぎると、損した気分になるようです。

ただ、私にはその感覚がないのでわかりません。

利益を確定できたのだから、これ以上の成功はありません。

仮に売ってしまったあとに、さらに株が伸び続けてしまったとしたら、いずれふたたび暴落して元の位置に戻ってくる可能性も高まるわけです。

であれば、そこを待って、また買えばいいだけです。

おそらく、損した気分になる人は、すべての持ち株を、チャートのてっぺんで売らないと気がすまないのだと思います。

しかし、そんなことは不可能ですし、それこそ非効率的です。

すべての投資家がそう考えているわけですから、頂上付近は大変混雑します。夏場の登山シーズンでにぎわう富士山の登山道と同じです。

売りたい人に、売りたい人が重なってくると、どうなるでしょうか。結局、誰も買う人がいなくなり、売買が成立しないまま暴落がはじまる、ということにもなりかねません。

株というのは、こうした欲をどれだけコントロールできるかがとても大切です。

とくに株の初・中級者は、なるべく利益確定を早めにして、資金の回転率を高めましょう。そうして、多くの場数を踏んで、技術を高めるほうに目を向けるべきだと私は思います。

5 プロサーファーは何度も海に落ちることで鍛えられる

ロックオンした銘柄が、また下がってきてくれたなら、戦友との再会をよろこびながら、前回より優れた打ち手で分割売買を仕掛けます。

売買で一度失敗しているのであれば、より巧みに波に乗ることで、双方を比較して技術の水準を上げられます。

プロのサーファーも、海に落ちた回数が、技術の差になります。落ちたときのバランス、波に乗り続けたことによる成功体験、それらすべてが組み合わされて上達していくのです。技術向上とは、この「反復」と「応用」でしかないわけです。そのため、**私はトータルでも、8%か12%、最大でも15%ぐらいの上昇率になったら売ってしまいます。**

たいていの場合、確実な1ヶ月、長くても2ヶ月の上昇分だけを取ります。

1年以上、長持ちする場合もあります。しかし、それはあらかじめ中長期で保有すると決めている銘柄のみです。ただ、そうした株は、手持ちの銘柄のなかでも2割程度しかありません。

一方で、長持ちの人は、底値付近を分割で買いを入れたものを、株価が2倍、3倍になるまで辛抱強く待ってから、利益確定しているようです。

それはそれで、勝っていれば、正しいやり方だと思います。私は気が早いので、目の前で含み益が出ている銘柄を、そのまま売らずに保有しておくことができません。

仕事中も下がったらどうしようと考えるぐらいなら、早めに利益確定して、気持ちをリセットしてしまいます。

ただ、これは私の性格によるところが大きいのでしょう。要は、儲かればよいわけです。ですから、**売りのタイミングというのは、あまり難しく考えず、自分の性格や気性に合わせて決めていけばいい**でしょう。

一方で、株のノウハウ本に書かれた方法を、そのまま真に受けて、長期投資をしたり、逆に無理にデイトレードに徹していたりする人を見かけます。

しかし、それでは株では勝てません。**大切なのは、自分の投資スタイルを分析して、自分に合った方法を見つけること**です。釣りも、ベテランと同じ方法をすれば、魚がよく釣れるというわけではありませんよね。時間がたくさんあるリタイア層と、休日しか楽しめないサラリーマンと、息子と一緒に楽しんでいるご家族とでは、出かける場所も、かける時間も、それこそ違っていて当然なわけですから。

6 頭がいい人の損切りのタイミングについて

続いて、損切りについてです。これも、資金力などによって、対応の仕方やリスクへの耐性が異なります。そのため、あくまで私のケースや考え方として、お話しいたします。

まず、損切りができない人は、資金を大きく動かしていると、チャートの動きが予測に反して暴落してしまった場合、大きな含み損を抱えてしまうことになります。含み損は嫌なものです。しかし、まったく損を抱えずに、株で利益を上げることは不可能です。

プロの投資家でも、大きな利益を稼ぐ前には、少なからず、含み損を抱えます。

ただ、めいっぱい相場を張っていると、最悪の場合、市場から退場を余儀なくされてしまいます。さらに、信用取引にまで手を出していると、追証によって損失が拡大し、最悪の場合、破産することもあります。

実は、含み損というのは、会社の借金と同じで、すべて悪いというわけではありません。

損失の「質」、つまり中身が重要なのです。**損失の質とは、聞きなれない言葉ですよね。**

これは、つまり保有銘柄が、あとどれぐらい下落する余地があるのかの予想の値や幅の

ことです。あと、1万円下がる可能性がある保有銘柄と、チャートの頂上付近にあって100万円近く下がる可能性がある保有銘柄とでは、含み損の「質」はまったく別物です。

これを、同じ含み損ととらえて対応をするから、損切りによって資産を大きく削られてしまうのです。

では、うねりチャートで、下値のサポートラインまで引きつけて、ゆっくりと相場を張っている場合、損失の質はどれほどのものでしょうか。

もちろん、サポートラインを超えて、下値を切り下げる可能性もあります。

しかし、大きく上昇している人気銘柄や、高値のグロース株を、頂上付近でつかまされるよりは、はるかに下げ幅が小さくすむ可能性があります。

倒産などの理由がないかぎり、銘柄の理論的な下げの限界値というのは、だいたい決まっています。つまり、市場の暴落が落ち着けば、ほかの銘柄がどんどん値を下げても、下値の限界値付近で下げ止まるということも起こりえるのです。損失や含み損というのは、このように、**銘柄があとどれぐらい下がる余力があるのか、がとても重要**となります。

図表34 どのような株にも理論的な底値が存在する（東芝機械6104）

（週足）

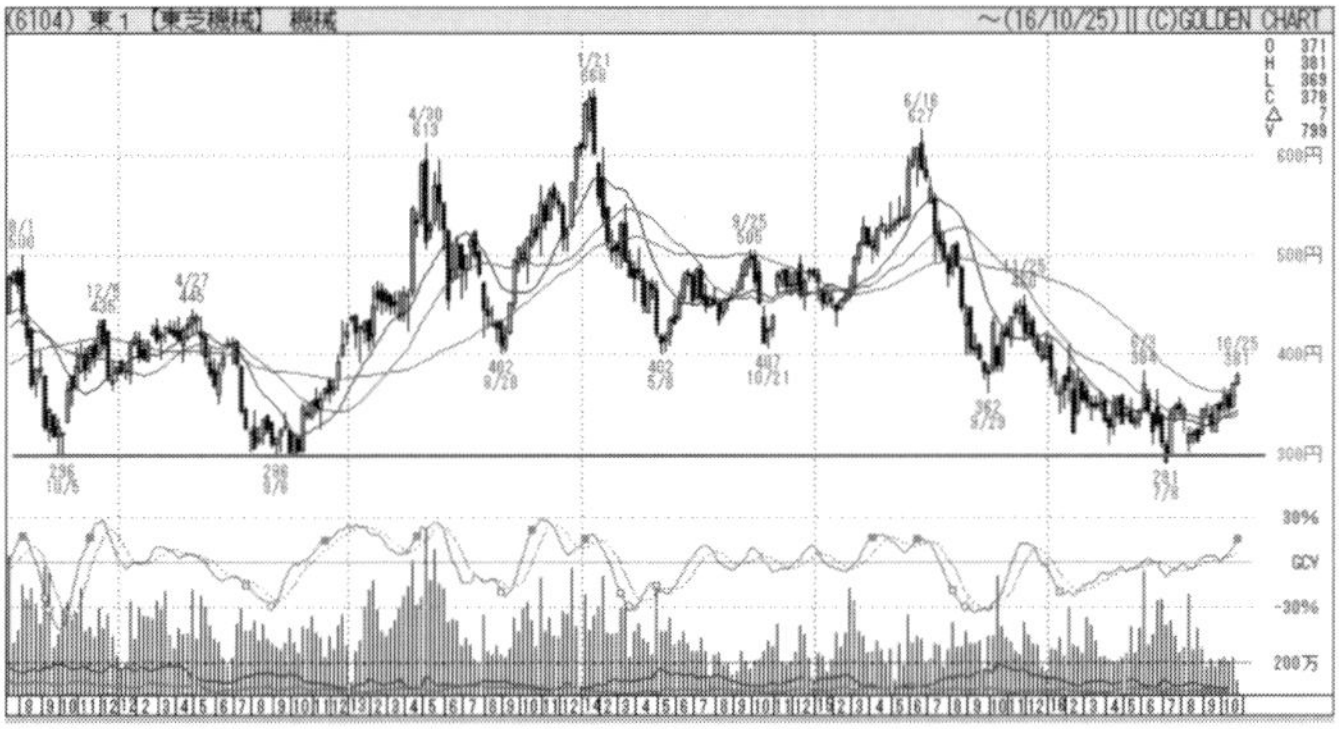
(6104) 東１ 【東芝機械】 機械
〜(16/10/25) (C)GOLDEN CHART

出所：ゴールデン・チャート社

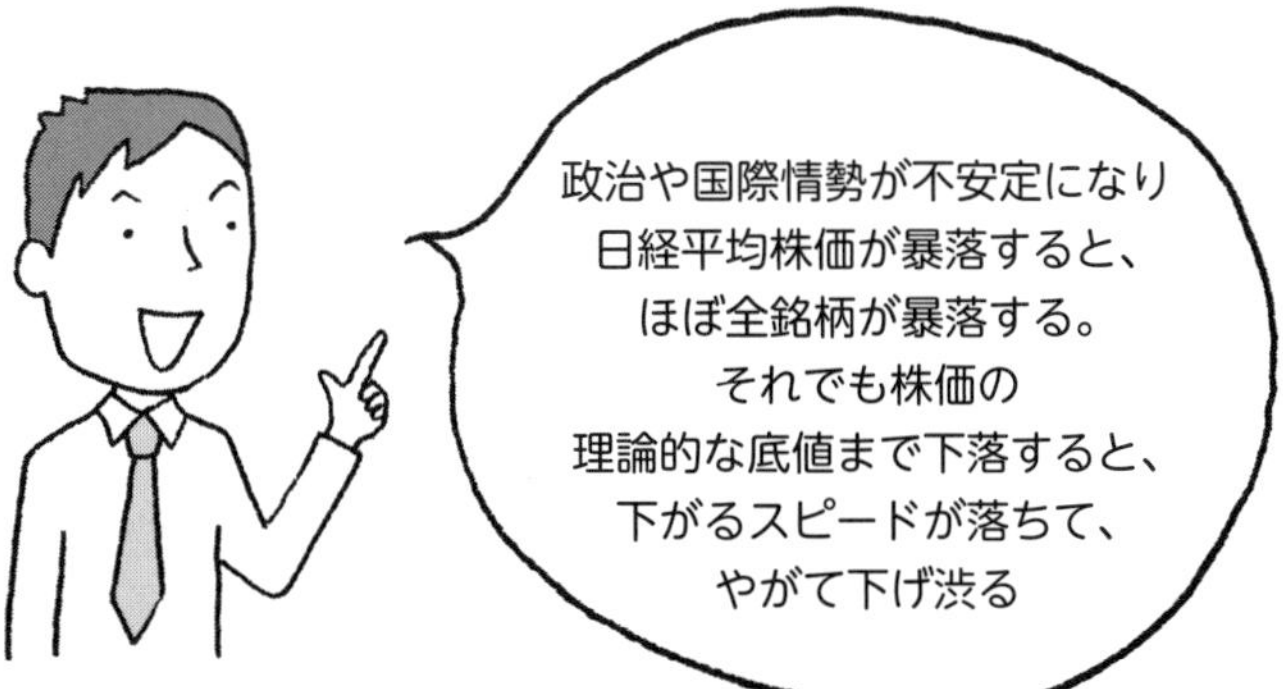
政治や国際情勢が不安定になり
日経平均株価が暴落すると、
ほぼ全銘柄が暴落する。
それでも株価の
理論的な底値まで下落すると、
下がるスピードが落ちて、
やがて下げ渋る

7 リーマンショックが届けてくれた勝利の方程式

うねりチャート底値買いと分割売買は、利益を生み出すだけでなく、こうしたリスク管理においても優れた手法です。

そのため、**保有株について、何％になったらロスカットするという損切りルールを、私はあらかじめ決めていません。**

理由は、先ほど説明したとおりです。ある程度、下値のリスクを想定して、株の売買をしているからです。

チャートの動きに慣れ親しんだロックオン銘柄に投資をして、うねりの底値を分割して拾っているのであれば、むしろ損切りするより、いったんは保有して、嵐が過ぎ去るのを待つほうがよい場合もあります。

忍耐と我慢が必要です。しかし、いずれ訪れる上昇トレンドを待っていたほうが、実は資産は増やしやすいこともあるのです。

あのリーマンショックで学んだこと

実際、私はリーマンショックが起こった2008年に、技術の大切さに気づきました。そして、うねりチャート底値買い投資法で、底値にある銘柄をゆっくりと拾いながら売買する技術を数年かけて編み出しました。

そんな折、あの東日本大震災に襲われました。

持ち株は、底値のサポートラインを次々に超えて、みるみるうちに大暴落。わずか10日で、300万円近くの含み益は、すべて真っ赤な含み損に変わりました。

ただ、このとき私は自分のロックオン銘柄を信じることにしました。そのため、一切のロスカットを行いませんでした。

その理由も、明確でした。

(1) 最初から、ロックオン投資法で慣れ親しんだ銘柄を厳選していた

（2）ボックス相場の底値にある銘柄に、うねりチャート投資法を仕掛けていた
（3）分割売買に徹していたことで、資金の半分以上を現金として保有していた

このように、私は一番下のボックス相場で、うねりを演じていた銘柄しか保有していませんでした。

そのため、仮にここから下がるとしても、すぐに元の買値まで戻ってくるという確信がありました。

山高ければ、谷深し。そして、谷深ければ、また山高し、です。

結局、私の予想は当たりました。すべての保有株は、そのあとの市場の落ち着きとともに急上昇、なんと５００万円近くの利益となりました。

もし、定石どおりにロスカットをしていたら、最終的には７００万円の損失になっていたことでしょう。その差は、トータルで１２００万円。両者の違いは歴然です。

8 5年で1億円稼いだ私も実践している リスク管理の9ヶ条

さて、本章の最後に、私がリスク管理で大切にしている9つの言葉を、みなさんと共有したいと思います。すべて、私が実際に失敗をして、気づいたものばかりです。

私にとって、もっとも大きな損失は、およそ880万円。第一中央汽船の倒産でした。過信もありましたが、動かしている資金量も多いため、大きな損失につながってしまいました。私でも、このような失敗をしているのです。みなさんも、少しは安堵されたのではないでしょうか。

でも、このときは、さすがにかなり参りました。

人間、大きな精神的ショックを受けると、みるみる体温が下がって、頭が働かなくなって眠くなるのだなと思いました。そうして、しばらく気を失ったように、ベッドに横になっていたのを今でも記憶しています。

ただ、そうした失敗からも、成功の種は見つかります。どのような投資のプロでも同じです。何度も資金を減らしながら、資産を構築していくものなのです。

逆に、私は一度も失敗したことがありません、とうそぶく投資家がいたら、目の前に大きな落とし穴があるのに気がついていないか、あなたにそう信じ込ませたい詐欺師かのどちらかです。

むしろ、大切なのは、同じ失敗を繰り返さないこと。そして、そのための工夫をすること。失敗したら、大いに反省してください。泣いたって、気絶したっていいのです。

ただし、そこからふたたび再起をはかり、改善点を探してください。

私は、第一中央汽船の倒産で失った金額を以下のリスク管理の9ヶ条と一緒に紙に書いて、デスクの一番目立つところに張り出していました。

こうして、反省をしながら投資を続けるうちに、勝てる投資家として自立していきました。とても大事なことですので、改めて以下に掲載いたします。

●勝てる投資家になるためのリスク管理の9ヶ条

(1) 投資をするはじめの段階で、儲かることだけを考えず、損することも考える

(2) 投資は勝ち負け両方があるゲームだと知っておく

(3) 最初にいくらまでの損ならば許容できるか、答えを用意しておく

(4)一定の損失は、ビジネスでいう必要経費だと考えて、むしろ利用する
(5)失敗したら、次から同じ失敗をしないように改善する
(6)小さな暴落は1年に一度、暴落は3年に一度、大暴落は7年に一度のペースで必ず来る
(7)余裕資金をつねにプールしておく
(8)当たっても外れても、相場で勝てるようにすることが真のリスク管理
(9)親戚や同僚が株を教えてほしいと来たら、てっぺんだと思え(つまり、暴落が近い)

私が失敗から得たこれらのリスク管理のポイントは、先ほど紹介したように、デスクトップPCの画面やオフィスの壁に張って、いつでも目につくようにしています。

1億円以上の資産をつくって、なお、こうした努力を続けています。

もちろん、自慢したいわけではありませんよ。

投資というビジネスをおこなっているわけですから、これぐらいの努力は、むしろ当たり前のこと。やらされ感や義務感もありません。

実際、効果もあります。潜在意識に働きかけるため、自然とリスクを回避する行動ができるようになります。資産を失う可能性も、ぐっと減りますよ。

図表35 私のデスクから一番見える所に貼り出したリスク管理の標語

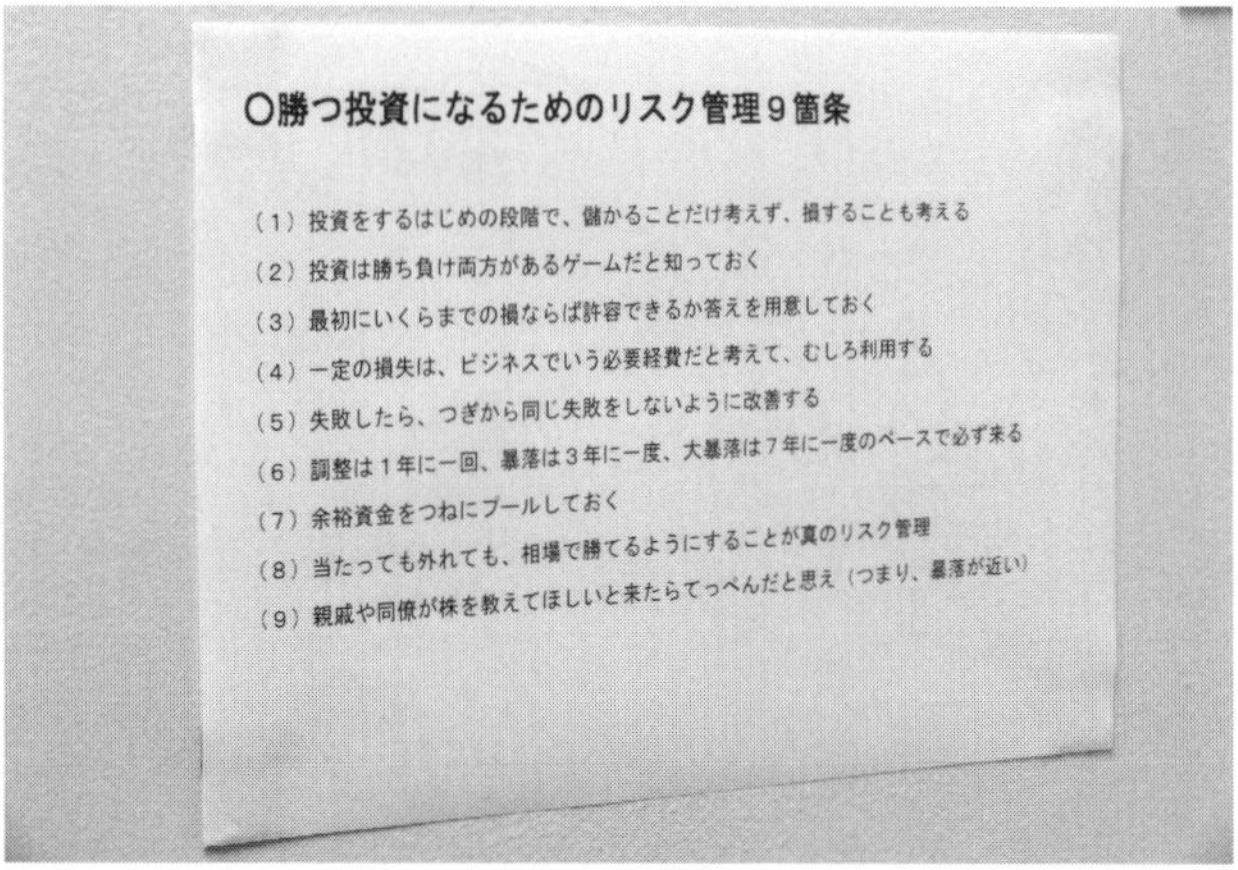

図表36 デスクトップＰＣの画面にも反省の言葉がズラリ

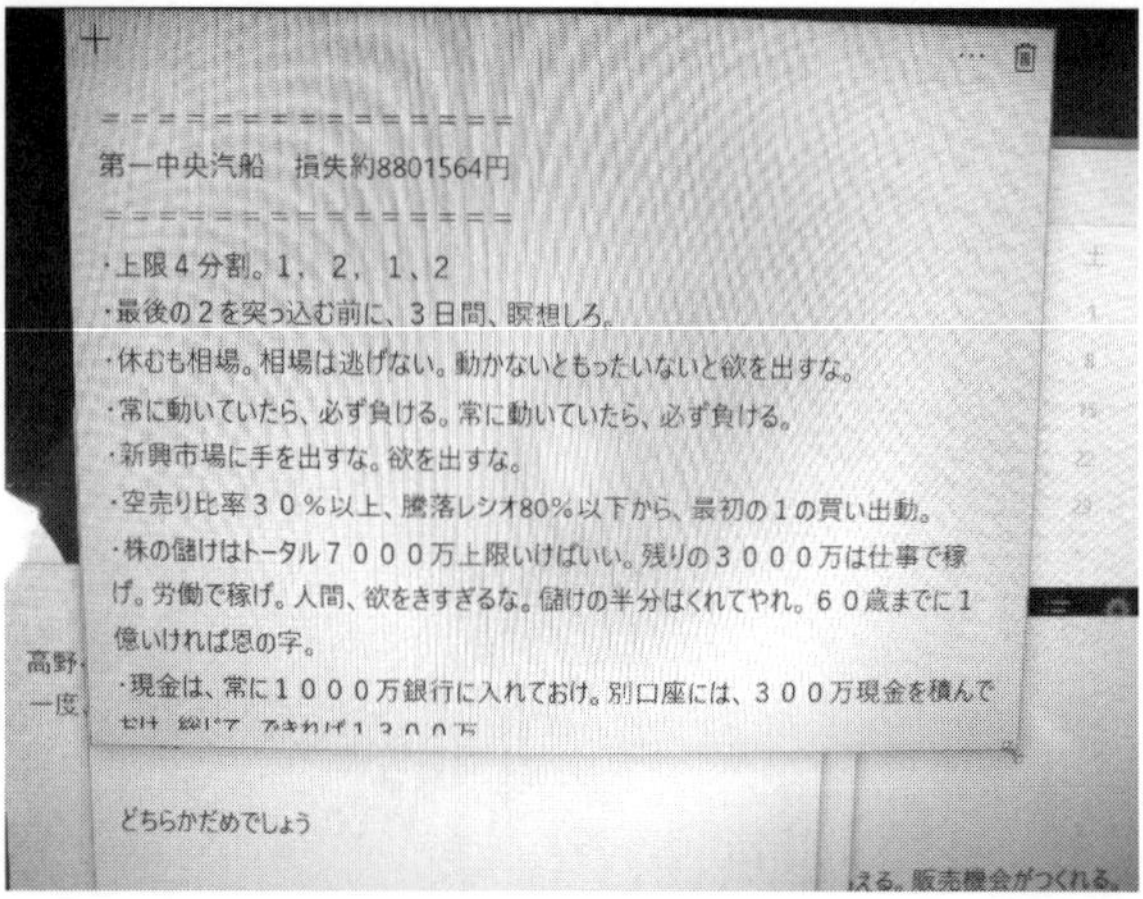

第６章まとめ

◎未来は予測するものではなく、準備して待つ。

◎トータルで８％か12％、最大でも15％ぐらいの上昇率になったら売る。

◎勝てる投資家になるために、リスク管理９ケ条を頭に入れる。

おわりに

勝てる投資家になると言葉も自然と変わってくる

初・中級者の方は、まずは銘柄を絞って、本書で紹介する2分割で買うことからはじめて、繰り返し「勝ち」を反復するところからおこなってください。

そう、多くの投資家が、この同じ銘柄で繰り返し勝ち続けるという感覚も、実感もありません。

そんな不安定な土台に片足立ちで立ったまま、はたして資金を増やしていくことはできるのでしょうか。

経験からいわせていただければ、まず間違いなく、失敗します。

投資家の目は、移ろいやすいものです。

この成長株がいい、と聞けば、過去のパターンや何年かけて今の株価に至ったのかなど関係なく、そこに飛びついてしまいます。

なにより、振り返ったとき、その勝者はなんというでしょうか。

おそらく、こういいます。

「いい株に出合えたな。次も、おいしい株に出合いたい」

一方、本書を知り、勝者のパターンを知った投資家の言葉は違います。

「このうねりの底値を2分割で欲を出さず、引き寄せて、自分でも我慢して、我慢して、買えた。そこから、予想どおり反転したので勝てた。次も、おそらく同じ銘柄で同じように勝てる。2分割、3分割と、同じように再現できる」

この違いの大きさ、つまりは、勝ちの質の違いが、あなたにはわかりますか？

著者

巻末付録
1

これだけで1億円も可能！厳選ロックオン22銘柄

私のロックオン銘柄の中でも、
とくに初・中級者が取り組みやすい銘柄を選びました。
まずは、ここからはじめても良いかもしれません。

（出所：ゴールデン・チャート社、以下すべて週足）

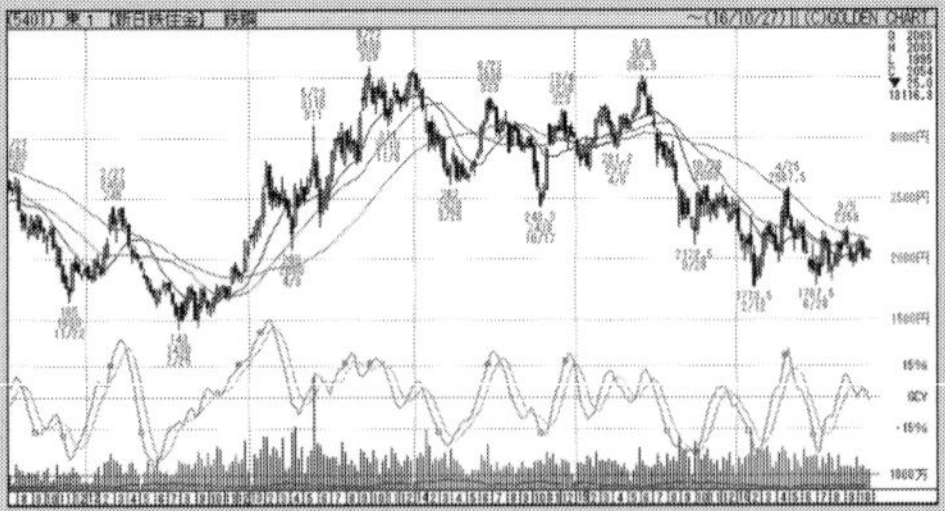

新日鐵住金
（5401）

住金と合併して発足した大型株。規則的なうねりボックス相場で捉えやすい。

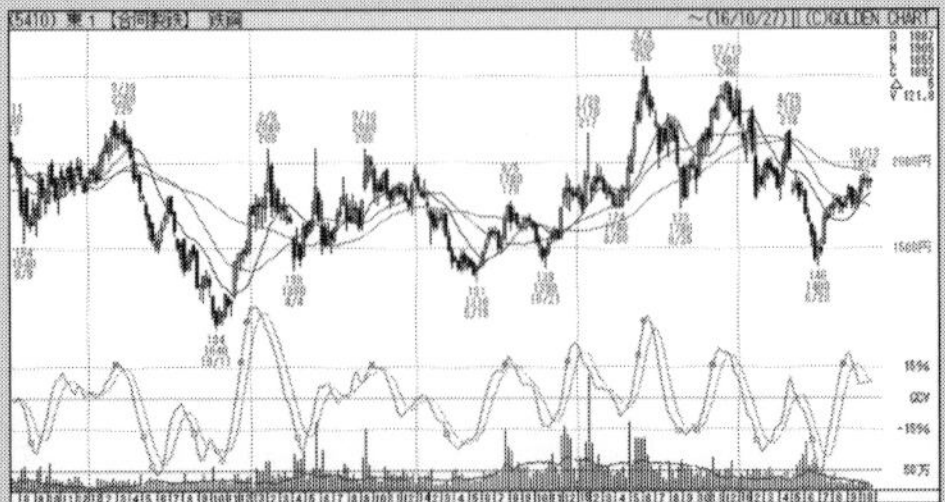

合同製鐵
（5410）

ボックス圏をじょじょに切り上げている。うねりが捉えやすく初級者向き。

大同特殊鋼
(5471)

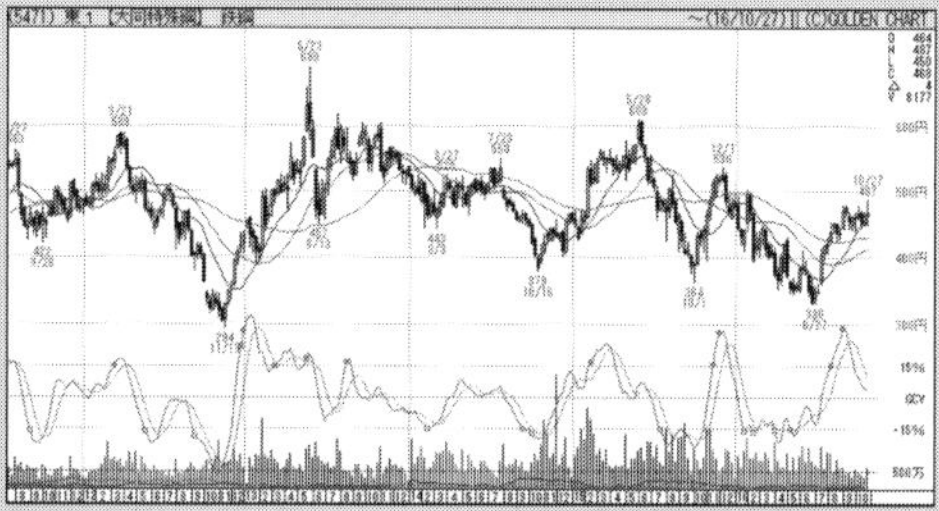

サポートラインが固定されて、下値を捉えやすいのが特徴。

大平洋金属
(5541)

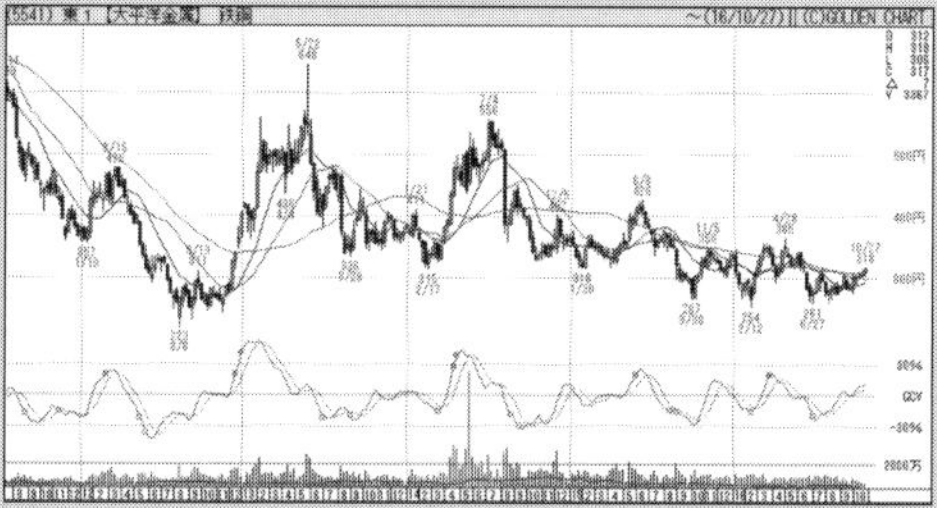

ボックス圏が維持されているうちにトライ。初心者向け。

新日本電工
(5563)

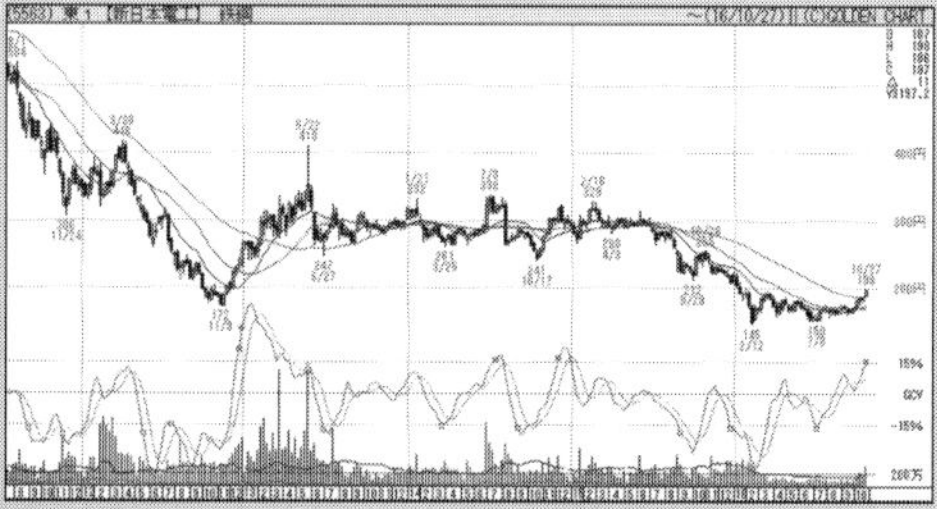

サポートラインの振れ幅に注意。買っておけば中長期で利益の可能性大。

日本製鋼所
(5631)

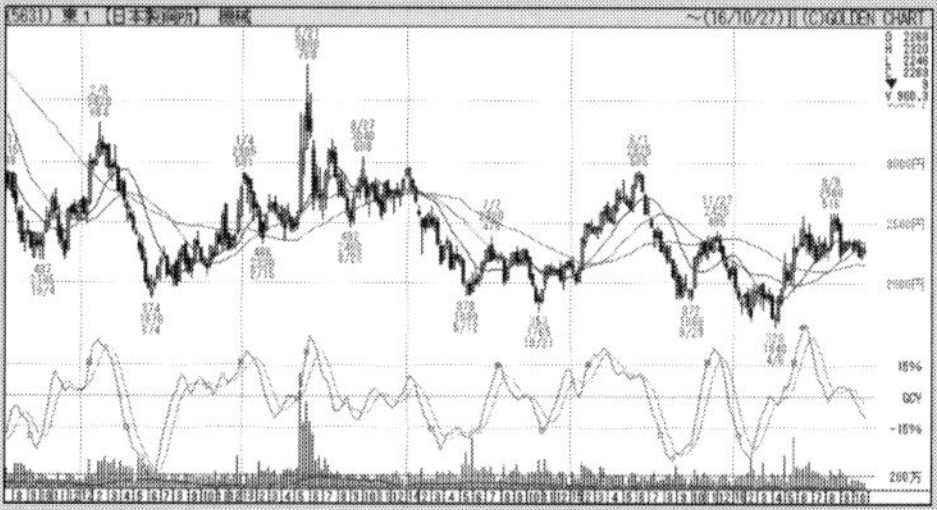

上値と下値のボックスラインが安定しているので、初・中級者でも安心。

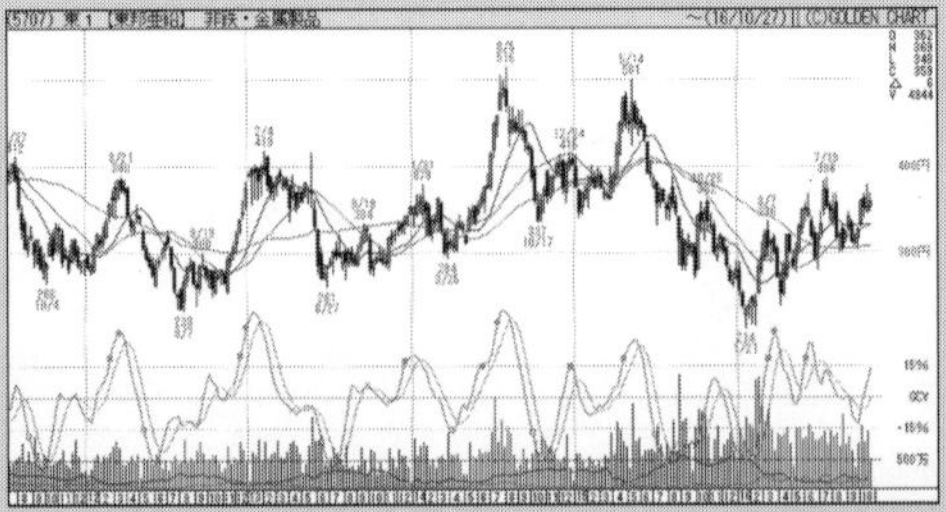

東邦亜鉛
(5707)

うねりの波が細かいのが特徴。リズムよく取れば、利益を重ねることも可能。

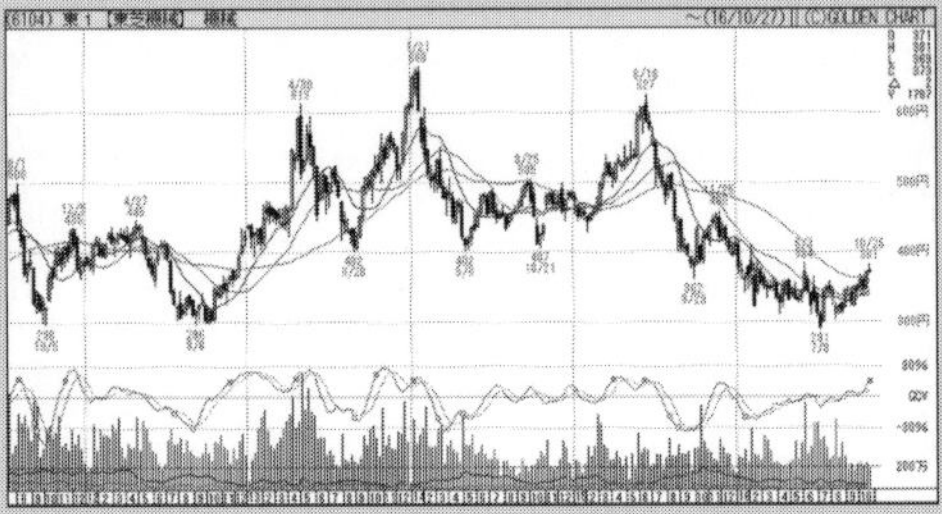

東芝機械
(6104)

下値を洗っている。爆発する可能性は大。中長期でうねりを掴むとよい。

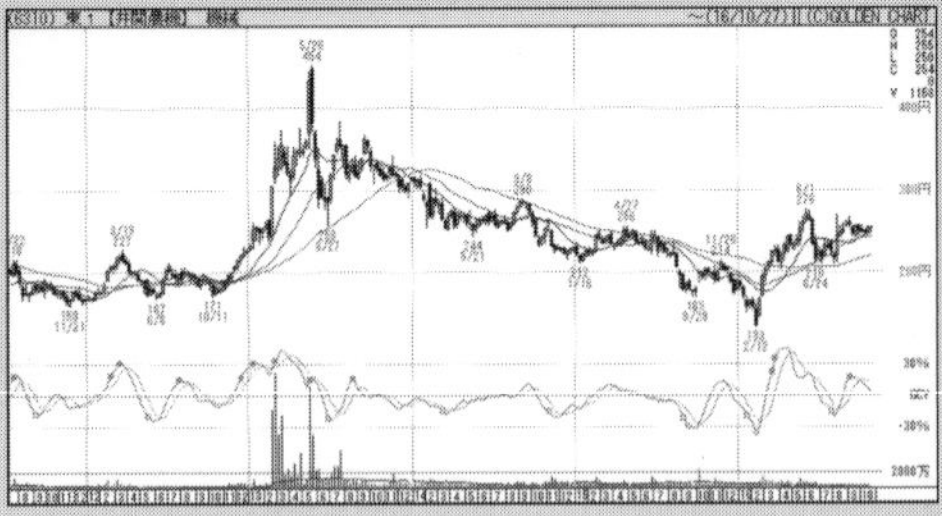

井関農機
(6310)

農業機械大手。下値付近で分割して買えば、利益を拡大できるトレンド。

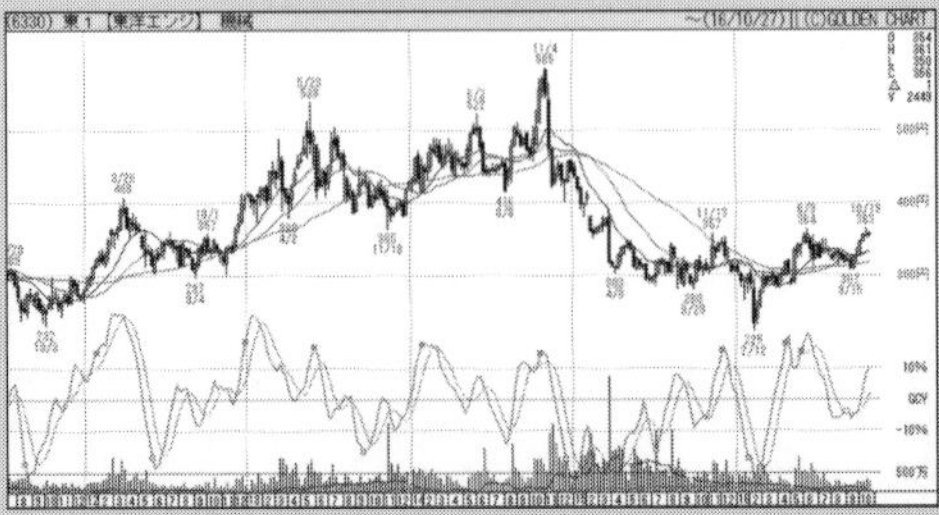

東洋エンジニアリング
(6330)

プラント大手。サポートラインがしっかり。反転するタイミングが捉えやすい。

(出所：ゴールデン・チャート社、すべて週足)

オリジン電気
(6513)

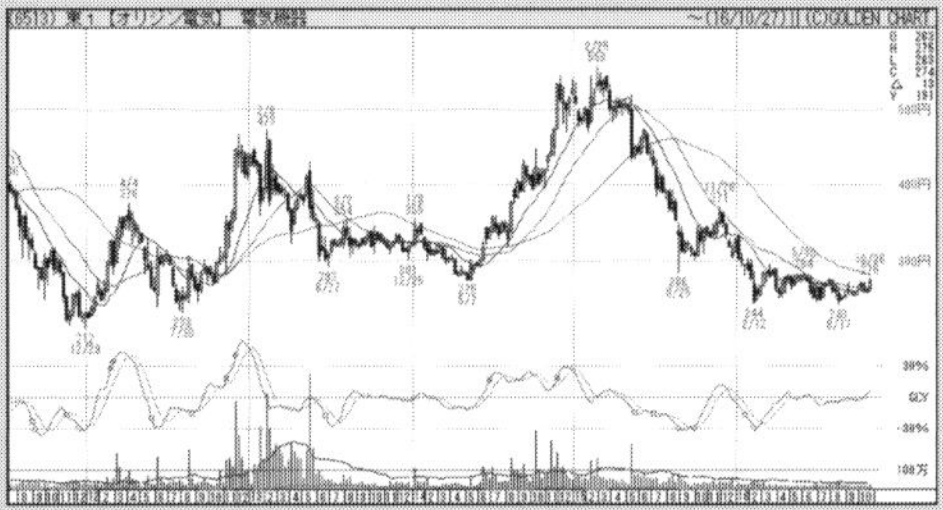

底値で分割して買っておけば、上昇トレンドで大きな利益も期待できる。

サンケン電気
(6707)

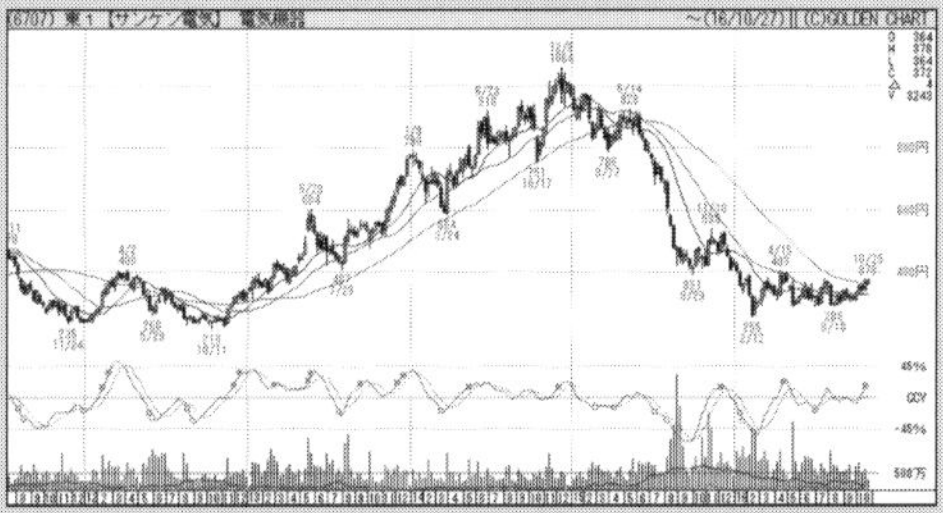

中長期で見ると、底値がわかりやすい。焦らず欲張らず、分割で仕掛けよう。

船井電機
(6839)

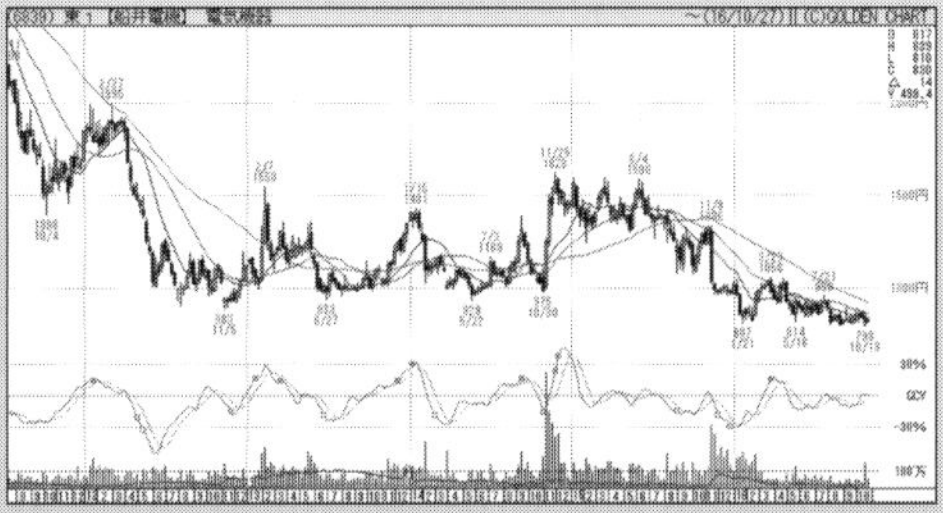

販売は北米中心。サポートラインが2つ形成されているので注意が必要。

日本車輌製造
(7102)

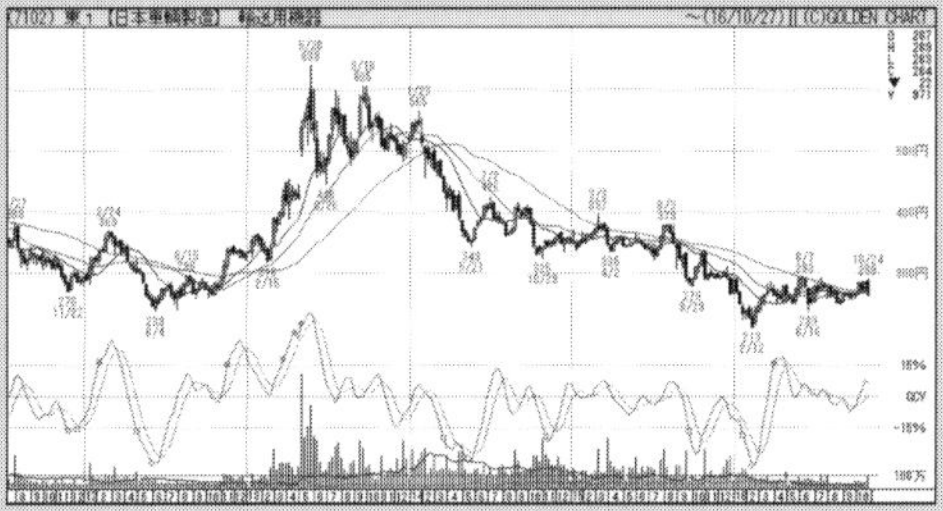

トレンドにのるタイミングを誤らなければ勝率高い。ただし、下抜けリスクも。

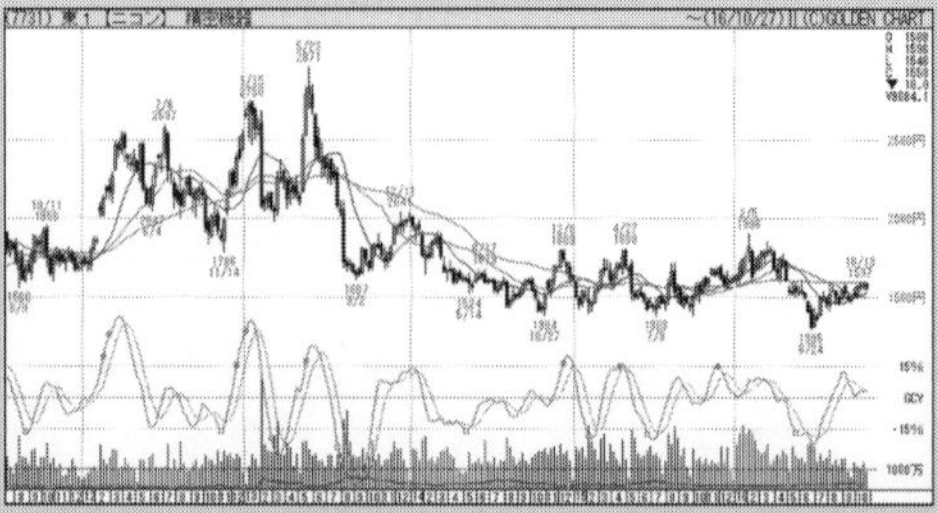

ニコン
(7731)

円高に弱い銘柄。株価の見直し期待大。うねりに合わせつつ中長期で保有を。

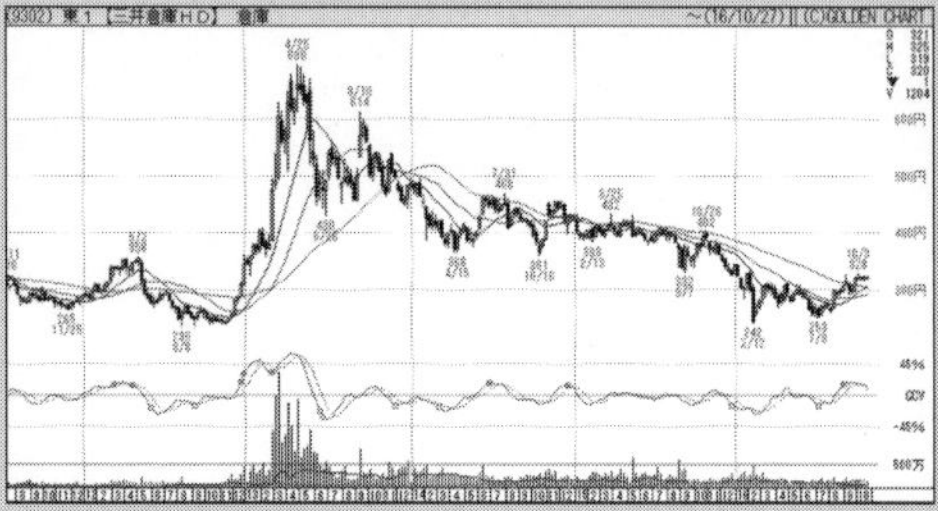

三井倉庫ホールディングス
(9302)

配当率が高いのがうれしい銘柄。筆者との相性も良く、繰り返し売買を実践中。

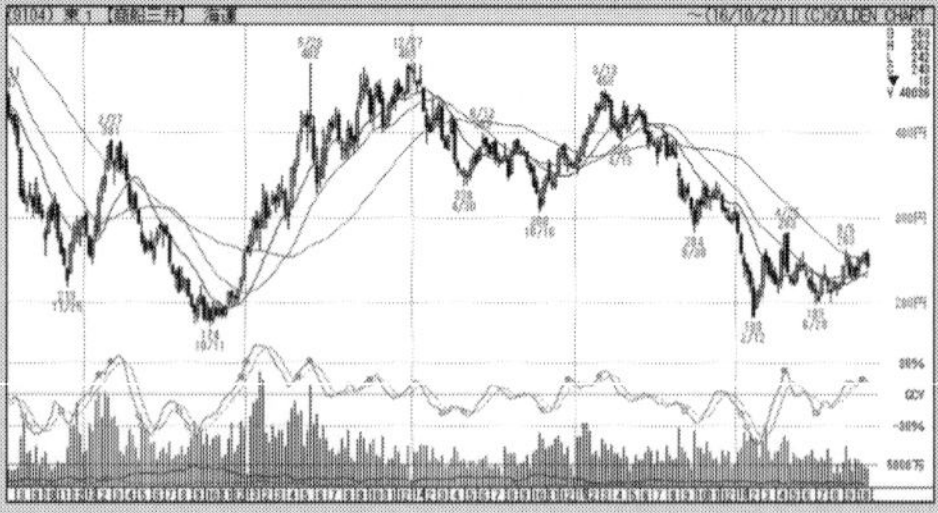

商船三井
(9104)

言わずと知れた、海運業の雄。景気循環のサイクルに合わせて動くのが特徴。

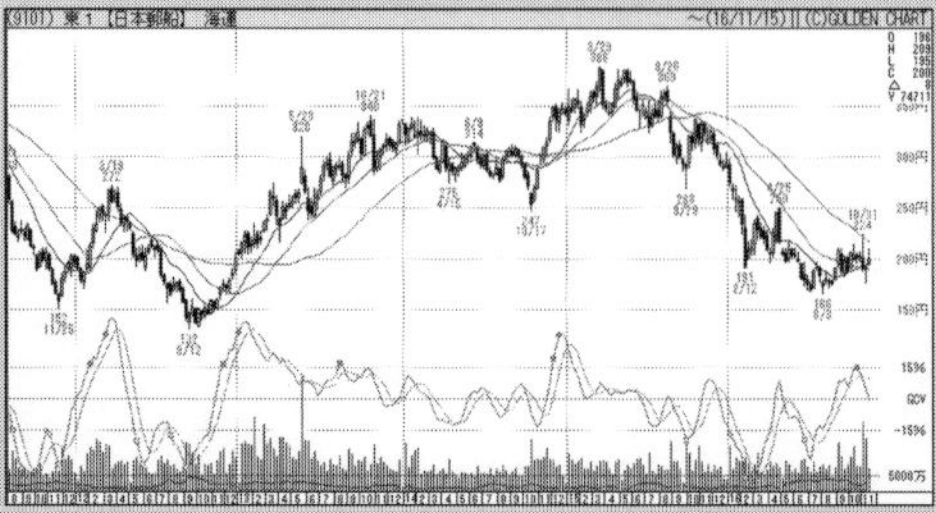

日本郵船
(9101)

商船三井と双璧をなす銘柄。景気敏感株であるが、うねりの動き方も規則的。

（出所：ゴールデン・チャート社、すべて週足）

パイオニア
(6773)

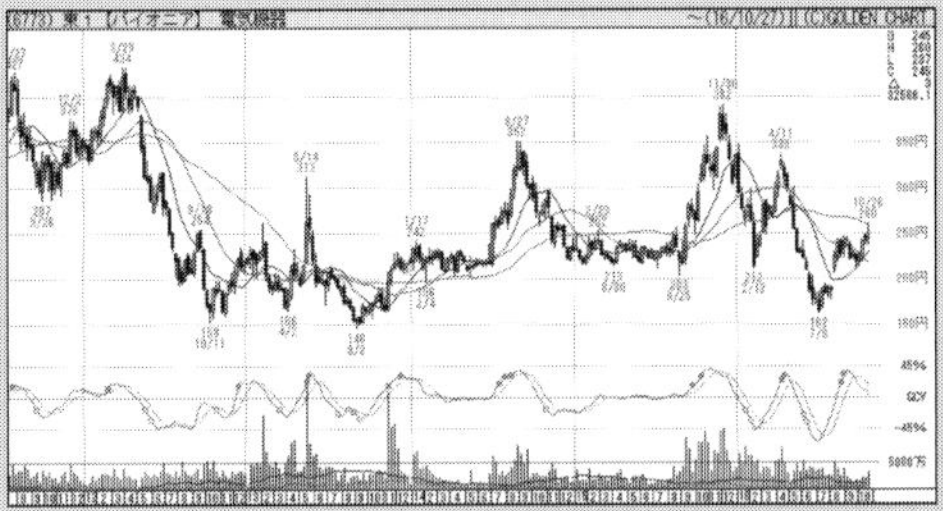

うねりは少ないが、サポートラインが安定しているので売買しやすい。

JVCケンウッド
(6632)

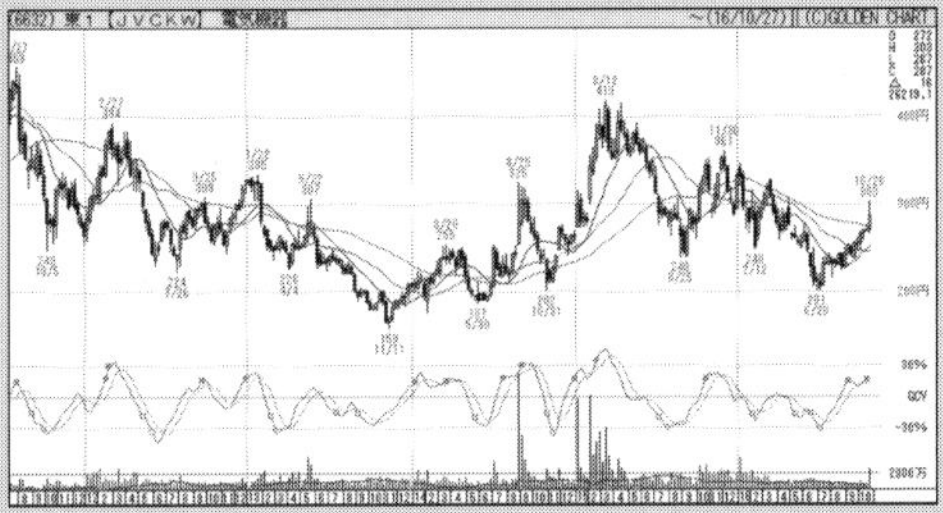

小さく売買せずに、大きなうねりの山と谷を捉えるようにすること。

宇部興産
(4208)

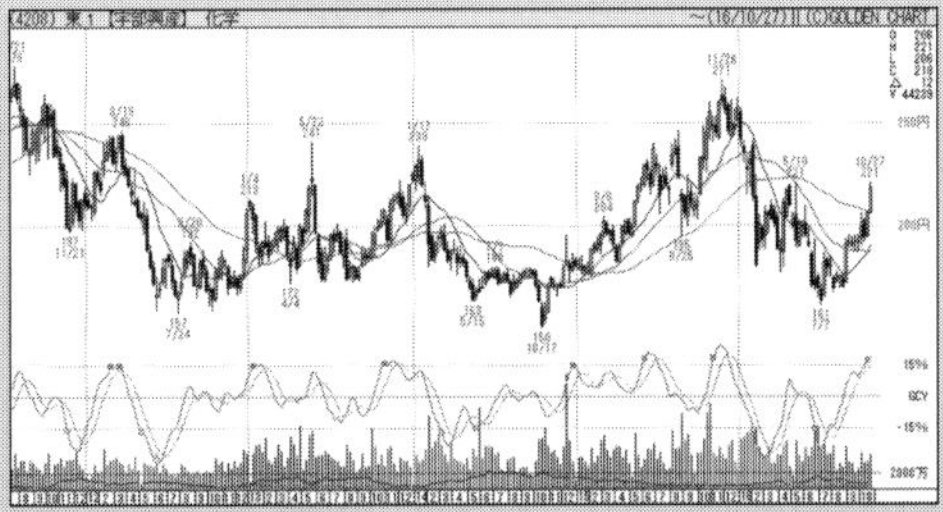

筆者の戦友のような銘柄。繰り返し売買できるため、初級者でも扱いやすい。

中外炉工業
(1964)

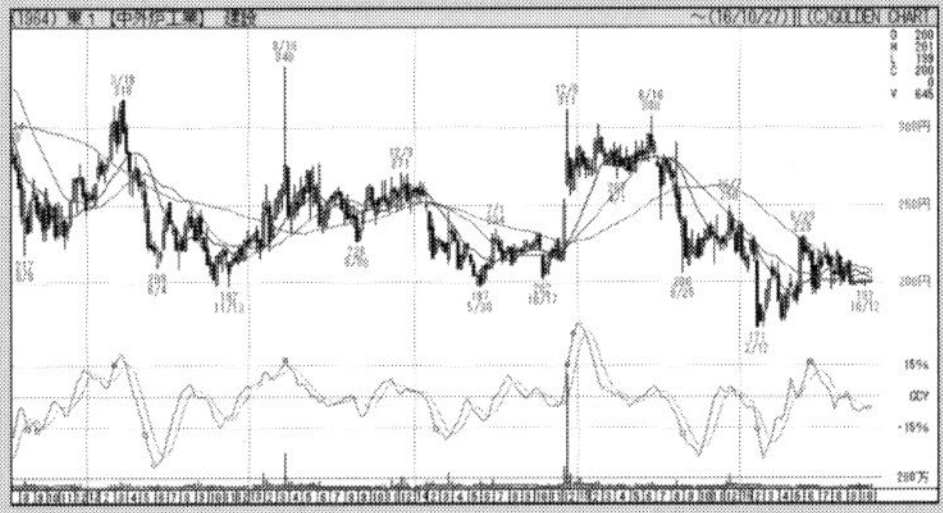

動きが少ないのは、うねりの幅が限定されているから。こういう銘柄も最適。

巻末付録

2

２年間の取引記録を公開！

以下は、私が利用する3つの口座のうち、
楽天証券での取引記録です。

（画像提供：楽天証券　マーケットスピードより）

2013年

約定日	銘柄コード	銘柄名	数量[株]	売却/決済単価[円]	売却/決済額[円]	平均取得価額[円]	実現損益[円]
2013/1/4	1975	朝日工業社	1,000	296	295,653	254	41,653
2013/1/4	2730	エディオン	1,000	387	386,546	321	65,546
2013/1/4	3036	アルコニックス	200	1,469.00	293,455	1,295.00	34,455
2013/1/4	4044	セントラル硝子	1,000	297	296,652	249	47,652
2013/1/4	4061	電気化学	1,000	301	300,647	252	48,647
2013/1/4	6762	ＴＤＫ	100	3,210.00	320,611	2,980.00	22,611
2013/1/8	6890	フェローテック	500	361	180,254	285	37,754
2013/1/8	6890	フェローテック	300	360	107,853	285	22,353

2013/1/8	6890	フェローテック	100	360	35,950	285	7,450
2013/1/8	6890	フェローテック	100	359	35,848	285	7,348
2013/1/10	4997	日本農薬	1,000	545	544,222	529	15,222
2013/1/15	5481	山陽特殊製鋼	1,000	307	307,000	296	10,020
2013/1/15	7752	リコー	1,000	994	992,784	954	38,784
2013/1/16	4023	クレハ	1,000	332	331,618	289	42,618
2013/1/16	7741	ＨＯＹＡ	200	1,775.00	354,590	1,597.00	35,190
2013/1/16	9697	カプコン	800	1,420.00	1,136,000	1,333.00	65,866
2013/1/17	4118	カネカ	1,000	443	442,679	418	24,679
2013/1/18	6594	日本電産	100	5,270.00	526,425	4,968.00	29,625
2013/1/22	1961	三機工業	1,000	463	462,679	431	31,679
2013/1/25	3402	東レ	1,000	528	527,425	503	24,425
2013/1/30	5481	山陽特殊製鋼	2,000	286	572,000	277	16,869
2013/1/31	1964	中外炉工業	4,000	245	979,518	229	63,518
2013/1/31	1964	中外炉工業	3,000	245	734,637	229	47,637
2013/1/31	1964	中外炉工業	1,000	245	244,879	229	15,879
2013/1/31	1964	中外炉工業	1,000	244	243,879	229	14,879
2013/2/6	4208	宇部興産	10,000	199	1,988,913	186	128,913
2013/2/6	6762	ＴＤＫ	200	3,260.00	652,000	3,190.00	12,772
2013/2/6	9104	商船三井	2,000	317	634,000	305	5,188
2013/2/7	4091	大陽日酸	1,000	702	701,425	651	50,425
2013/2/7	4112	保土谷化学	3,000	173	518,425	168	14,425
2013/2/7	5012	東燃ゼネラル石油	1,000	802	801,457	759	42,457
2013/2/7	5012	東燃ゼネラル石油	1,000	802	801,456	759	42,456
2013/2/13	4062	イビデン	100	1,469.00	146,900	1,287.00	17,952
2013/2/13	4062	イビデン	900	1,470.00	1,323,000	1,287.00	162,465
2013/2/13	5012	東燃ゼネラル石油	2,000	798	1,596,000	753	83,653
2013/2/18	5801	古河電工	5,000	199	995,000	183	77,117
2013/2/25	5801	古河電工	5,000	204	1,020,000	183	101,049
2013/2/26	4044	セントラル硝子	8,000	285	2,279,131	275	79,131
2013/2/26	4044	セントラル硝子	2,000	284	567,782	275	17,782
2013/3/4	6505	東洋電機製造	3,000	260	779,485	241	56,485
2013/3/4	6505	東洋電機製造	1,000	260	259,828	241	18,828
2013/3/4	6989	北陸電気工業	8,000	117	935,451	110	55,451
2013/3/4	6989	北陸電気工業	2,000	117	233,862	110	13,862
2013/3/6	1803	清水建設	2,000	308	616,000	304	5,094
2013/3/6	1803	清水建設	2,000	308	616,000	280	54,415
2013/3/7	6890	フェローテック	2,000	380	760,000	337	83,212
2013/3/7	6890	フェローテック	2,000	380	760,000	349	59,203
2013/3/8	6762	ＴＤＫ	500	3,235.00	1,617,500	3,135.00	47,823
2013/3/8	7756	日本電産コパル	500	633	316,500	614	8,718
2013/3/8	7756	日本電産コパル	600	632	379,200	614	9,858
2013/3/8	7756	日本電産コパル	900	634	570,600	614	16,588
2013/3/12	4092	日本化学工業	8,000	128	1,023,451	114	111,451
2013/3/12	4092	日本化学工業	2,000	128	255,862	114	27,862
2013/3/13	6762	ＴＤＫ	500	3,380.00	1,690,000	3,270.00	50,690
2013/3/14	1819	太平工業	2,000	356	712,000	341	28,284
2013/3/19	1980	ダイダン	1,000	503	503,000	502	419
2013/3/19	1980	ダイダン	1,000	504	504,000	502	1,419
2013/3/19	5301	東海カーボン	1,000	335	334,679	316	18,679
2013/3/19	5301	東海カーボン	2,000	335	670,000	315	38,278
2013/3/29	3390	ユニバーサルソリューションシス	384	2,350.00	901,878	2,126.00	85,494
2013/3/29	3390	ユニバーサルソリューションシス	6	2,350.00	14,091	2,126.00	1,335
2013/3/29	3390	ユニバーサルソリューションシス	1	2,350.00	2,348	2,126.00	222
2013/3/29	3390	ユニバーサルソリューションシス	6	2,350.00	14,091	2,126.00	1,335
2013/3/29	3390	ユニバーサルソリューションシス	6	2,350.00	14,091	2,126.00	1,335
2013/3/29	3390	ユニバーサルソリューションシス	6	2,350.00	14,091	2,126.00	1,335
2013/3/29	3390	ユニバーサルソリューションシス	6	2,350.00	14,091	2,126.00	1,335
2013/3/29	3390	ユニバーサルソリューションシス	32	2,350.00	75,156	2,126.00	7,124

約定日	銘柄コード	銘柄名	数量[株]	売却/決済単価[円]	売却/決済額[円]	平均取得価額[円]	実現損益[円]
2013/3/29	3390	ユニバーサルソリューションシス	11	2,350.00	25,834	2,126.00	2,448
2013/3/29	3390	ユニバーサルソリューションシス	26	2,350.00	61,064	2,126.00	5,788
2013/3/29	3390	ユニバーサルソリューションシス	16	2,350.00	37,578	2,126.00	3,562
2013/4/12	4208	宇部興産	5,000	192	960,000	175	83,410
2013/4/16	6632	ＪＶＣケンウッド	5,000	251	1,255,000	233	87,671
2013/4/17	5201	旭硝子	1,000	704	703,638	637	66,638
2013/4/17	5201	旭硝子	2,000	704	1,407,275	637	133,275
2013/4/22	5410	合同製鐵	6,000	150	900,000	144	34,858
2013/4/23	5218	オハラ	200	652	130,400	640	1,673
2013/4/23	5218	オハラ	500	653	326,500	640	5,466
2013/4/23	5218	オハラ	700	651	455,700	641	5,551
2013/4/23	5218	オハラ	100	649	64,900	642	495
2013/4/23	5218	オハラ	100	651	65,100	642	687
2013/4/23	5218	オハラ	200	648	129,600	642	787
2013/4/23	5218	オハラ	500	646	323,000	642	964
2013/4/23	5218	オハラ	700	645	451,500	642	642
2013/4/24	4208	宇部興産	6,000	189	1,133,313	182	41,313
2013/4/25	1959	九電工	1,000	439	438,772	418	20,772
2013/4/25	1959	九電工	1,000	438	437,771	418	19,771
2013/4/25	1959	九電工	1,000	438	437,770	418	19,770
2013/4/25	5214	日本電気硝子	5,000	521	2,605,000	453	322,882
2013/4/25	6641	日新電機	3,000	480	1,439,313	442	113,313
2013/4/30	7756	日本電産コパル	1,100	805	884,902	652	167,702
2013/4/30	7756	日本電産コパル	900	804	723,111	652	136,311
2013/5/2	5481	山陽特殊製鋼	1,000	422	421,679	411	10,679
2013/5/7	5214	日本電気硝子	5,000	504	2,520,000	477	133,747
2013/5/7	6890	フェローテック	200	415	82,946	384	6,146
2013/5/7	6890	フェローテック	600	416	249,438	384	19,038
2013/5/7	6890	フェローテック	1,400	416	582,020	384	44,420
2013/5/7	6890	フェローテック	800	416	332,582	384	25,382
2013/5/7	6890	フェローテック	1,000	415	414,727	384	30,727
2013/5/8	5301	東海カーボン	2,000	348	695,425	327	41,425
2013/5/8	6773	パイオニア	5,000	208	1,039,313	194	69,313
2013/5/9	6581	日立工機	300	837	250,779	859	-6,921
2013/5/14	6632	ＪＶＣケンウッド	5,000	291	1,454,313	259	159,313
2013/5/14	6752	パナソニック	300	847	254,100	778	9,663
2013/5/15	1803	清水建設	1,000	410	409,679	413	-3,321
2013/5/15	6632	ＪＶＣケンウッド	3,000	274	822,000	291	50,045
2013/5/16	6706	電気興業	1,000	590	589,425	524	65,425
2013/5/21	5423	東京製鐵	2,000	433	866,000	387	90,364
2013/5/21	6632	ＪＶＣケンウッド	3,000	294	881,425	259	104,425
2013/5/21	6632	ＪＶＣケンウッド	3,000	293	879,000	275	52,801
2013/5/23	5214	日本電気硝子	5,000	620	3,098,913	459	803,913
2013/5/23	9132	第一中央汽船	5,000	125	625,000	119	28,697
2013/5/24	5214	日本電気硝子	5,000	572	2,860,000	620	238,964
2013/5/31	5214	日本電気硝子	5,000	526	2,630,000	529	12,237
2013/6/10	4112	保土谷化学	2,000	181	362,000	169	23,628
2013/6/10	4112	保土谷化学	4,000	180	720,000	169	43,257
2013/6/13	6379	新興プランテック	400	763	305,200	697	25,868
2013/6/13	6379	新興プランテック	300	762	228,600	698	18,801
2013/6/13	6379	新興プランテック	400	761	304,400	698	24,663
2013/6/13	6379	新興プランテック	400	763	305,200	698	25,463
2013/6/18	1803	清水建設	3,000	375	1,125,000	355	57,704
2013/6/18	3861	王子ホールディングス	3,000	373	1,119,000	347	75,735
2013/6/18	4112	保土谷化学	3,000	177	531,000	172	14,354
2013/6/18	4112	保土谷化学	3,000	178	534,000	172	17,354
2013/6/18	9747	アサツーディ・ケイ	300	2,237.00	670,461	2,075.00	47,961

2013/6/19	6855	日本電子材料	300	416	124,800	366	14,794
2013/6/19	6855	日本電子材料	100	416	41,600	367	4,833
2013/6/19	6855	日本電子材料	100	416	41,600	371	4,433
2013/6/19	6855	日本電子材料	300	416	124,800	372	12,994
2013/6/19	6855	日本電子材料	600	416	249,600	373	25,384
2013/6/19	6855	日本電子材料	200	416	83,200	374	8,262
2013/6/19	6855	日本電子材料	400	416	166,400	375	16,119
2013/6/19	7609	ダイトエレクトロン	100	381	38,100	365	1,549
2013/6/19	7609	ダイトエレクトロン	100	381	38,100	366	1,449
2013/6/19	7609	ダイトエレクトロン	100	381	38,100	367	1,349
2013/6/19	7609	ダイトエレクトロン	200	381	76,200	368	2,495
2013/6/19	7609	ダイトエレクトロン	200	381	76,200	369	2,295
2013/6/19	7609	ダイトエレクトロン	100	381	38,100	370	1,050
2013/6/19	7609	ダイトエレクトロン	1,000	381	381,000	371	9,467
2013/6/19	7609	ダイトエレクトロン	300	381	114,300	372	2,540
2013/6/19	7609	ダイトエレクトロン	100	381	38,100	373	748
2013/6/19	7609	ダイトエレクトロン	700	381	266,700	374	4,525
2013/6/19	7609	ダイトエレクトロン	100	381	38,100	375	535
2013/6/24	2168	パソナグループ	6	68,400.00	410,172	63,100.00	31,572
2013/6/24	2168	パソナグループ	9	68,300.00	614,356	63,100.00	46,456
2013/6/24	2168	パソナグループ	3	68,300.00	204,785	63,100.00	15,485
2013/6/24	2168	パソナグループ	2	68,300.00	136,523	63,100.00	10,323
2013/6/24	5218	オハラ	200	697	139,400	633	12,504
2013/6/24	5218	オハラ	800	696	556,800	633	49,217
2013/6/24	5384	フジミインコーポレーテッド	400	1,068.00	427,200	998	27,083
2013/6/24	5384	フジミインコーポレーテッド	600	1,070.00	642,000	998	41,822
2013/6/28	4112	保土谷化学	3,000	185	555,000	178	20,440
2013/6/28	4112	保土谷化学	3,000	185	555,000	179	17,436
2013/6/28	8388	阿波銀行	1,000	551	550,597	528	22,597
2013/6/28	8388	阿波銀行	2,000	551	1,101,194	528	45,194
2013/6/28	9747	アサツーディ・ケイ	200	2,293.00	458,600	2,150.00	27,650
2013/6/28	9747	アサツーディ・ケイ	100	2,292.00	229,200	2,154.00	13,322
2013/7/2	5301	東海カーボン	6,000	271	1,626,000	263	46,883
2013/7/4	5423	東京製鐵	2,000	353	706,000	328	48,437
2013/7/5	4208	宇部興産	5,000	195	974,425	183	59,425
2013/7/5	6773	パイオニア	5,000	205	1,024,313	197	39,313
2013/7/9	5410	合同製鐵	4,000	164	656,000	154	37,800
2013/7/9	5423	東京製鐵	2,000	398	796,000	361	70,831
2013/7/9	5423	東京製鐵	400	398	159,200	347	19,912
2013/7/9	5423	東京製鐵	1,600	398	636,800	348	78,037
2013/7/9	6890	フェローテック	300	452	135,533	418	10,133
2013/7/9	6890	フェローテック	800	452	361,416	418	27,016
2013/7/9	6890	フェローテック	1,900	452	858,364	418	64,164
2013/7/10	4004	昭和電工	5,000	138	689,425	132	29,425
2013/7/10	6762	ＴＤＫ	200	3,715.00	743,000	3,405.00	60,008
2013/7/10	7018	内海造船	5,000	166	830,000	161	23,333
2013/7/12	5202	日本板硝子	10,000	108	1,079,313	98	99,313
2013/7/19	5563	日本電工	3,000	309	926,425	283	77,425
2013/7/23	6676	メルコホールディングス	500	1,440.00	719,425	1,343.00	47,925
2013/7/24	1959	九電工	1,000	436	435,679	412	23,679
2013/7/24	5007	コスモ石油	5,000	188	940,000	182	28,303
2013/7/29	1722	ミサワホーム	200	1,572.00	314,400	1,570.00	341
2013/7/29	1722	ミサワホーム	300	1,571.00	471,300	1,571.00	-89
2013/7/29	1722	ミサワホーム	400	1,572.00	628,800	1,571.00	280
2013/7/29	1722	ミサワホーム	200	1,571.00	314,200	1,572.00	-259
2013/7/29	1722	ミサワホーム	700	1,570.00	1,099,000	1,572.00	-1,609
2013/7/29	1722	ミサワホーム	200	1,568.00	313,600	1,573.00	-1,058
2013/7/29	1722	ミサワホーム	400	1,569.00	627,600	1,573.00	-1,720
2013/7/29	1722	ミサワホーム	200	1,567.00	313,400	1,574.00	-1,459

約定日	銘柄コード	銘柄名	数量[株]	売却/決済単価[円]	売却/決済額[円]	平均取得価額[円]	実現損益[円]
2013/7/29	1722	ミサワホーム	200	1,568.00	313,600	1,574.00	-1,260
2013/7/29	1722	ミサワホーム	2,200	1,567.00	3,447,400	1,575.00	-18,278
2013/7/30	6839	船井電機	300	984	295,200	962	6,426
2013/7/30	6839	船井電機	200	984	196,800	963	4,082
2013/7/30	6839	船井電機	300	983	294,900	963	5,827
2013/7/30	6839	船井電機	500	982	491,000	963	9,207
2013/7/30	6839	船井電機	700	982	687,400	964	12,185
2013/7/31	4208	宇部興産	4,000	187	748,000	182	18,842
2013/8/1	8388	阿波銀行	2,000	531	1,062,000	508	44,634
2013/8/2	1722	ミサワホーム	100	1,683.00	168,300	1,573.00	10,739
2013/8/2	1722	ミサワホーム	100	1,685.00	168,500	1,573.00	10,935
2013/8/2	1722	ミサワホーム	200	1,684.00	336,800	1,573.00	21,676
2013/8/2	1722	ミサワホーム	100	1,683.00	168,300	1,574.00	10,635
2013/8/2	7751	キヤノン	200	3,150.00	630,000	3,100.00	8,996
2013/8/2	7751	キヤノン	200	3,150.00	630,000	3,015.00	26,056
2013/8/2	9132	第一中央汽船	10,000	100	1,000,000	98	18,985
2013/8/6	3161	アゼアス	3,000	385	1,154,313	381	11,313
2013/8/6	4023	クレハ	2,000	352	704,000	333	35,910
2013/8/14	5201	旭硝子	2,000	595	1,190,000	576	36,565
2013/8/14	6301	小松製作所	300	2,300.00	689,425	2,169.00	38,725
2013/8/16	6581	日立工機	100	754	75,400	739	1,396
2013/8/16	6581	日立工機	200	756	151,200	739	3,193
2013/8/16	6581	日立工機	300	755	226,500	739	4,491
2013/8/16	6581	日立工機	400	757	302,800	739	6,784
2013/8/19	1518	三井松島	8,000	147	1,176,000	140	53,633
2013/8/20	1518	三井松島	5,000	150	749,425	147	14,425
2013/8/21	7970	信越ポリマー	3,000	334	1,001,313	327	20,313
2013/8/26	7609	ダイトエレクトロン	200	383	76,554	375	1,554
2013/8/26	7609	ダイトエレクトロン	100	382	38,177	375	677
2013/8/26	7609	ダイトエレクトロン	100	382	38,177	375	677
2013/8/26	7609	ダイトエレクトロン	100	381	38,078	375	578
2013/8/26	7609	ダイトエレクトロン	100	381	38,077	375	577
2013/8/26	7609	ダイトエレクトロン	500	381	190,385	375	2,885
2013/8/26	7609	ダイトエレクトロン	300	381	114,231	375	1,731
2013/8/26	7609	ダイトエレクトロン	200	380	75,955	375	955
2013/8/26	7609	ダイトエレクトロン	300	380	113,931	375	1,431
2013/8/26	7609	ダイトエレクトロン	100	380	37,977	375	477
2013/8/26	7609	ダイトエレクトロン	200	379	75,755	375	755
2013/8/26	7609	ダイトエレクトロン	100	378	37,778	375	278
2013/8/26	7609	ダイトエレクトロン	100	375	37,478	375	-22
2013/8/26	7609	ダイトエレクトロン	100	373	37,278	375	-222
2013/8/26	7609	ダイトエレクトロン	200	371	74,156	375	-844
2013/8/26	7609	ダイトエレクトロン	100	370	36,978	375	-522
2013/8/26	7609	ダイトエレクトロン	200	368	73,548	375	-1,452
2013/9/4	5214	日本電気硝子	2,000	523	1,046,000	515	13,407
2013/9/4	5384	フジミインコーポレーテッド	200	1,309.00	261,663	1,266.00	8,463
2013/9/4	5384	フジミインコーポレーテッド	300	1,309.00	392,494	1,266.00	12,694
2013/9/4	5384	フジミインコーポレーテッド	100	1,308.00	130,732	1,266.00	4,132
2013/9/4	5384	フジミインコーポレーテッド	200	1,308.00	261,463	1,266.00	8,263
2013/9/4	5384	フジミインコーポレーテッド	200	1,307.00	261,261	1,266.00	8,061
2013/9/6	5214	日本電気硝子	3,000	530	1,590,000	525	13,884
2013/9/9	8140	リョーサン	100	1,717.00	171,700	1,718.00	-180
2013/9/9	8140	リョーサン	100	1,717.00	171,700	1,719.00	-280
2013/9/9	8140	リョーサン	500	1,716.00	858,000	1,719.00	-1,905
2013/9/9	8140	リョーサン	200	1,717.00	343,400	1,720.00	-665
2013/9/9	8140	リョーサン	400	1,715.00	686,000	1,720.00	-2,124
2013/9/9	8140	リョーサン	500	1,716.00	858,000	1,720.00	-2,153

2013/9/9	8140	リョーサン	2,900	1,714.00	4,970,600	1,720.00	-18,306
2013/9/10	6640	第一精工	100	1,179.00	117,900	1,132.00	4,429
2013/9/10	6640	第一精工	200	1,180.00	236,000	1,132.00	9,052
2013/9/10	6640	第一精工	200	1,178.00	235,600	1,133.00	8,454
2013/9/10	6640	第一精工	200	1,177.00	235,400	1,134.00	8,043
2013/9/10	9132	第一中央汽船	10,000	106	1,060,000	101	44,424
2013/9/11	4208	宇部興産	5,000	188	939,425	182	29,425
2013/9/11	5801	古河電工	5,000	217	1,085,000	207	46,872
2013/9/17	4112	保土谷化学	2,000	192	384,000	182	19,414
2013/9/17	4112	保土谷化学	3,000	191	573,000	182	26,121
2013/9/17	7751	キヤノン	300	3,245.00	972,925	3,155.00	26,425
2013/9/18	6640	第一精工	200	1,300.00	259,837	1,241.00	11,637
2013/9/18	6640	第一精工	300	1,300.00	389,753	1,241.00	17,453
2013/9/18	6640	第一精工	200	1,300.00	259,835	1,241.00	11,635
2013/9/18	6773	パイオニア	5,000	165	825,000	156	42,698
2013/9/18	7018	内海造船	1,000	165	165,000	162	2,158
2013/9/18	7018	内海造船	4,000	164	656,000	162	4,107
2013/9/19	7018	内海造船	2,000	168	335,769	165	5,769
2013/9/19	7018	内海造船	3,000	165	494,656	165	-344
2013/9/19	8140	リョーサン	300	1,755.00	526,500	1,721.00	9,444
2013/9/19	8140	リョーサン	700	1,754.00	1,227,800	1,721.00	21,332
2013/9/19	9104	商船三井	2,000	471	941,693	467	7,693
2013/9/19	9104	商船三井	1,000	471	470,844	467	3,844
2013/9/19	9104	商船三井	1,000	471	470,844	467	3,844
2013/9/19	9104	商船三井	1,000	471	470,844	467	3,844
2013/9/19	9104	商船三井	1,000	471	470,844	467	3,844
2013/9/19	9104	商船三井	1,000	471	470,844	467	3,844
2013/9/26	6773	パイオニア	7,000	166	1,162,000	164	9,296
2013/9/27	8140	リョーサン	200	1,806.00	361,200	1,721.00	16,206
2013/9/27	8140	リョーサン	200	1,808.00	361,600	1,721.00	16,608
2013/9/27	8140	リョーサン	200	1,809.00	361,800	1,721.00	16,802
2013/9/27	8140	リョーサン	700	1,807.00	1,264,900	1,721.00	57,421
2013/9/30	2150	ケアネット	1,200	398	477,382	349	58,582
2013/9/30	2150	ケアネット	100	398	39,781	349	4,881
2013/9/30	2150	ケアネット	3,000	398	1,193,465	349	146,465
2013/9/30	2150	ケアネット	200	398	79,563	349	9,763
2013/9/30	2150	ケアネット	200	398	79,563	349	9,763
2013/9/30	2150	ケアネット	100	398	39,781	349	4,881
2013/9/30	2150	ケアネット	100	398	39,781	349	4,881
2013/9/30	2150	ケアネット	100	398	39,781	349	4,881
2013/9/30	2150	ケアネット	200	398	79,563	349	9,763
2013/9/30	2150	ケアネット	100	398	39,781	349	4,881
2013/9/30	2150	ケアネット	600	398	238,691	349	29,291
2013/9/30	2150	ケアネット	100	398	39,781	349	4,881
2013/9/30	4112	保土谷化学	6,000	201	1,205,313	196	29,313
2013/10/2	3168	クロタニコーポレーション	100	638	63,800	625	1,233
2013/10/2	3168	クロタニコーポレーション	100	624	62,400	626	-266
2013/10/2	3168	クロタニコーポレーション	100	631	63,100	626	433
2013/10/2	3168	クロタニコーポレーション	100	635	63,500	626	833
2013/10/2	3168	クロタニコーポレーション	100	636	63,600	626	933
2013/10/2	3168	クロタニコーポレーション	200	627	125,400	626	64
2013/10/2	3168	クロタニコーポレーション	200	637	127,400	626	2,055
2013/10/2	3168	クロタニコーポレーション	400	630	252,000	626	1,325
2013/10/2	3168	クロタニコーポレーション	500	626	313,000	626	-342
2013/10/2	3168	クロタニコーポレーション	1,200	623	747,600	626	-4,437
2013/10/4	7867	タカラトミー	3,000	494	1,481,389	460	101,389
2013/10/7	4109	ステラケミファ	200	1,651.00	330,027	1,593.00	11,427
2013/10/7	4109	ステラケミファ	100	1,651.00	165,012	1,593.00	5,712
2013/10/7	4109	ステラケミファ	300	1,651.00	495,038	1,593.00	17,138

約定日	銘柄コード	銘柄名	数量[株]	売却/決済単価[円]	売却/決済額[円]	平均取得価額[円]	実現損益[円]
2013/10/7	4109	ステラケミファ	100	1,651.00	165,012	1,593.00	5,712
2013/10/8	8545	関西アーバン銀行	5,000	109	544,489	104	24,489
2013/10/9	9065	山九	2,000	322	643,489	313	17,489
2013/10/10	6773	パイオニア	5,000	168	840,000	165	13,729
2013/10/15	5201	旭硝子	2,000	606	1,212,000	585	37,224
2013/10/16	8132	シナネン	4,000	380	1,520,000	363	61,651
2013/10/17	4004	昭和電工	5,000	134	669,489	131	14,489
2013/10/21	8005	スクロール	5,000	299	1,495,000	279	90,969
2013/10/21	8150	三信電気	2,000	651	1,302,000	606	84,346
2013/10/22	6632	ＪＶＣケンウッド	4,000	197	788,000	188	33,847
2013/10/22	6773	パイオニア	5,000	187	935,000	178	34,947
2013/10/24	8154	加賀電子	100	1,028.00	102,800	810	21,381
2013/10/24	8154	加賀電子	400	1,025.00	410,000	810	84,101
2013/10/24	8154	加賀電子	1,500	1,030.00	1,545,000	810	323,674
2013/10/25	6742	京三製作所	1,000	323	323,000	308	14,396
2013/10/25	6742	京三製作所	1,000	322	322,000	309	12,393
2013/10/25	6742	京三製作所	2,000	323	646,000	309	26,783
2013/10/25	7609	ダイトエレクトロン	100	410	41,000	389	1,614
2013/10/25	7609	ダイトエレクトロン	100	414	41,400	389	2,283
2013/10/25	7609	ダイトエレクトロン	400	413	165,200	389	8,724
2013/10/25	7609	ダイトエレクトロン	400	415	166,000	389	9,518
2013/10/25	7609	ダイトエレクトロン	600	412	247,200	389	12,484
2013/10/25	7609	ダイトエレクトロン	900	411	369,900	389	17,826
2013/10/28	6298	ワイエイシイ	200	650	129,872	559	18,072
2013/10/28	6298	ワイエイシイ	200	648	129,470	559	17,670
2013/10/28	6298	ワイエイシイ	100	651	65,036	559	9,136
2013/10/28	6298	ワイエイシイ	100	650	64,937	559	9,037
2013/10/28	6298	ワイエイシイ	200	649	129,674	559	17,874
2013/10/28	6298	ワイエイシイ	100	654	65,400	558	9,504
2013/10/28	6298	ワイエイシイ	300	650	195,000	558	27,316
2013/10/28	6298	ワイエイシイ	300	651	195,300	558	27,615
2013/10/28	6298	ワイエイシイ	500	652	326,000	558	46,524
2013/10/28	6298	ワイエイシイ	100	649	64,900	559	8,926
2013/10/28	6298	ワイエイシイ	700	650	455,000	559	63,157
2013/10/28	6298	ワイエイシイ	200	647	129,400	560	17,238
2013/10/28	6298	ワイエイシイ	200	648	129,600	560	17,444
2013/10/30	5707	東邦亜鉛	4,000	303	1,212,000	292	41,518
2013/10/30	5707	東邦亜鉛	1,000	303	303,000	293	9,377
2013/10/30	8270	ユニーグループ・HD	2,000	624	1,248,000	592	60,438
2013/10/31	5801	古河電工	5,000	232	1,160,000	222	48,399
2013/10/31	6763	帝国通信工業	5,000	176	880,000	169	33,245
2013/10/31	6763	帝国通信工業	2,000	176	352,000	170	11,294
2013/11/1	9628	燦ホールディングス	500	1,387.00	692,989	1,357.00	14,489
2013/11/5	2150	ケアネット	100	439	43,876	410	2,876
2013/11/5	2150	ケアネット	100	445	44,476	410	3,476
2013/11/5	2150	ケアネット	400	444	177,503	410	13,503
2013/11/5	2150	ケアネット	300	443	132,828	410	9,828
2013/11/5	2150	ケアネット	100	441	44,076	410	3,076
2013/11/5	2150	ケアネット	100	440	43,976	410	2,976
2013/11/5	2150	ケアネット	700	438	306,433	410	19,433
2013/11/5	2150	ケアネット	100	438	43,775	410	2,775
2013/11/5	2150	ケアネット	100	438	43,775	410	2,775
2013/11/5	2150	ケアネット	100	437	43,671	410	2,671
2013/11/5	2150	ケアネット	100	451	45,100	408	4,234
2013/11/5	2150	ケアネット	200	451	90,200	409	8,265
2013/11/5	2150	ケアネット	100	451	45,100	411	3,933
2013/11/5	2150	ケアネット	100	448	44,800	412	3,530

2013/11/5	2150	ケアネット	200	450	90,000	412	7,464
2013/11/5	2150	ケアネット	200	451	90,200	412	7,659
2013/11/6	6773	パイオニア	5,000	177	885,000	169	38,958
2013/11/7	2730	エディオン	900	520	468,000	483	32,408
2013/11/7	2730	エディオン	1,100	520	572,000	484	38,508
2013/11/7	3607	クラウディア	1,000	1,100.00	1,100,000	1,075.00	19,178
2013/11/7	8131	ミツウロコグループ	1,800	516	928,289	475	73,289
2013/11/8	2730	エディオン	2,000	537	1,073,389	528	17,389
2013/11/13	6773	パイオニア	5,000	191	955,000	165	128,825
2013/11/14	5201	旭硝子	2,000	622	1,244,000	611	19,693
2013/11/14	6773	パイオニア	5,000	200	1,000,000	192	25,895
2013/11/14	6779	日本電波工業	300	862	258,600	853	2,508
2013/11/14	6779	日本電波工業	300	863	258,900	853	2,808
2013/11/14	6779	日本電波工業	300	864	259,200	853	3,105
2013/11/14	6779	日本電波工業	100	859	85,900	854	437
2013/11/14	6779	日本電波工業	200	860	172,000	854	1,073
2013/11/14	6779	日本電波工業	200	861	172,200	854	1,272
2013/11/14	6779	日本電波工業	100	858	85,800	855	228
2013/11/14	6804	ホシデン	400	515	206,000	507	2,963
2013/11/14	6804	ホシデン	600	516	309,600	507	5,047
2013/11/14	6804	ホシデン	1,000	517	517,000	507	9,407
2013/11/15	2212	山崎製パン	1,000	1,039.00	1,038,389	997	41,389
2013/11/15	2778	パレモ	200	322	64,367	312	1,967
2013/11/15	2778	パレモ	2,500	321	802,074	312	22,074
2013/11/15	2778	パレモ	300	321	96,248	312	2,648
2013/11/15	7455	三城ホールディングス	600	481	288,600	454	15,252
2013/11/15	7455	三城ホールディングス	300	494	148,200	479	3,213
2013/11/15	7455	三城ホールディングス	900	494	444,600	480	9,678
2013/11/15	7455	三城ホールディングス	300	492	147,600	481	2,324
2013/11/15	7455	三城ホールディングス	600	493	295,800	481	5,249
2013/11/15	7455	三城ホールディングス	900	494	444,600	481	8,769
2013/11/15	7455	三城ホールディングス	200	492	98,400	451	7,575
2013/11/15	7455	三城ホールディングス	600	492	295,200	452	23,063
2013/11/15	7455	三城ホールディングス	300	489	146,700	453	10,332
2013/11/15	7455	三城ホールディングス	500	490	245,000	453	17,715
2013/11/15	7455	三城ホールディングス	800	481	384,800	453	21,144
2013/11/18	6742	京三製作所	3,000	319	957,000	311	22,692
2013/11/19	7241	フタバ産業	3,000	368	1,104,000	351	49,175
2013/11/20	5563	日本電工	5,000	292	1,460,000	290	5,807
2013/11/20	6855	日本電子材料	2,200	375	824,552	366	19,352
2013/11/20	6855	日本電子材料	800	374	299,037	366	6,237
2013/11/20	7609	ダイトエレクトロン	400	391	156,400	381	3,797
2013/11/20	7609	ダイトエレクトロン	600	390	234,000	381	5,096
2013/11/20	7609	ダイトエレクトロン	1,100	390	429,000	382	8,239
2013/11/20	7609	ダイトエレクトロン	100	390	39,000	383	651
2013/11/20	7609	ダイトエレクトロン	600	390	234,000	384	3,294
2013/11/20	7609	ダイトエレクトロン	200	390	78,000	385	893
2013/11/21	8374	三重銀行	3,000	208	623,616	205	8,616
2013/11/21	8374	三重銀行	1,000	208	207,873	205	2,873
2013/11/21	8530	中京銀行	5,000	182	909,489	180	9,489
2013/11/26	6773	パイオニア	5,000	218	1,090,000	203	54,980
2013/11/26	6890	フェローテック	300	517	155,100	470	13,941
2013/11/26	6890	フェローテック	300	518	155,400	470	14,239
2013/11/26	6890	フェローテック	1,400	516	722,400	470	63,648
2013/11/26	7545	西松屋チェーン	1,000	835	834,489	750	84,489
2013/11/27	1419	タマホーム	900	1,097.00	986,751	1,057.00	35,451
2013/11/27	1419	タマホーム	100	1,097.00	109,638	1,057.00	3,938
2013/11/28	4203	住友ベークライト	1,000	365	364,848	359	5,848
2013/11/28	4203	住友ベークライト	3,000	365	1,094,541	359	17,541

約定日	銘柄コード	銘柄名	数量[株]	売却/決済単価[円]	売却/決済額[円]	平均取得価額[円]	実現損益[円]
2013/11/28	5566	中央電気工業	200	351	70,200	336	2,746
2013/11/28	5566	中央電気工業	300	350	105,000	336	3,504
2013/11/28	5566	中央電気工業	1,400	350	490,000	337	16,412
2013/11/28	5566	中央電気工業	600	350	210,000	338	6,431
2013/11/28	5566	中央電気工業	500	350	175,000	339	4,854
2013/11/28	6315	TOWA	3,000	482	1,446,000	469	37,292
2013/11/29	6817	スミダコーポレーション	700	470	329,000	460	5,555
2013/11/29	6817	スミダコーポレーション	1,800	470	846,000	461	13,290
2013/11/29	6817	スミダコーポレーション	500	470	235,000	462	3,188
2013/11/29	7916	光村印刷	1,000	273	272,839	263	9,839
2013/11/29	7916	光村印刷	1,000	273	272,839	263	9,839
2013/11/29	7916	光村印刷	1,000	272	271,839	263	8,839
2013/11/29	7916	光村印刷	3,000	272	815,516	263	26,516
2013/12/2	5974	中国工業	400	815	325,836	791	9,436
2013/12/2	5974	中国工業	200	816	163,119	791	4,919
2013/12/2	5974	中国工業	200	816	163,119	791	4,919
2013/12/2	5974	中国工業	700	815	570,215	791	16,515
2013/12/2	6640	第一精工	100	1,262.00	126,200	1,262.00	-43
2013/12/2	6640	第一精工	100	1,263.00	126,300	1,262.00	57
2013/12/2	6640	第一精工	100	1,264.00	126,400	1,262.00	157
2013/12/2	6640	第一精工	100	1,261.00	126,100	1,263.00	-243
2013/12/2	6640	第一精工	100	1,261.00	126,100	1,265.00	-445
2013/12/2	6640	第一精工	100	1,261.00	126,100	1,266.00	-544
2013/12/2	6640	第一精工	100	1,261.00	126,100	1,267.00	-643
2013/12/2	6640	第一精工	100	1,261.00	126,100	1,268.00	-745
2013/12/2	6640	第一精工	100	1,261.00	126,100	1,269.00	-844
2013/12/2	6640	第一精工	200	1,260.00	252,000	1,270.00	-2,092
2013/12/2	6640	第一精工	300	1,263.00	378,900	1,271.00	-2,673
2013/12/2	6640	第一精工	200	1,260.00	252,000	1,272.00	-2,490
2013/12/2	6640	第一精工	200	1,255.00	251,000	1,273.00	-3,668
2013/12/2	6640	第一精工	200	1,257.00	251,400	1,273.00	-3,264
2013/12/2	6640	第一精工	300	1,258.00	377,400	1,273.00	-4,598
2013/12/2	6640	第一精工	300	1,259.00	377,700	1,273.00	-4,303
2013/12/2	6640	第一精工	800	1,256.00	1,004,800	1,273.00	-13,863
2013/12/2	6640	第一精工	100	1,262.00	126,200	1,275.00	-1,389
2013/12/2	6640	第一精工	100	1,261.00	126,100	1,286.00	-2,593
2013/12/2	6640	第一精工	200	1,255.00	251,000	1,290.00	-7,066
2013/12/2	6640	第一精工	200	1,255.00	251,000	1,297.00	-8,466
2013/12/2	6779	日本電波工業	500	884	442,000	871	5,880
2013/12/2	6779	日本電波工業	900	883	794,700	871	9,686
2013/12/2	6779	日本電波工業	100	883	88,300	872	974
2013/12/2	7427	エコートレーディング	400	742	296,515	732	3,715
2013/12/2	7427	エコートレーディング	100	744	74,400	726	1,290
2013/12/2	7427	エコートレーディング	100	744	74,400	727	1,359
2013/12/2	7427	エコートレーディング	200	743	148,600	728	2,312
2013/12/2	7427	エコートレーディング	100	743	74,300	729	1,058
2013/12/2	7427	エコートレーディング	200	743	148,600	730	1,912
2013/12/2	7427	エコートレーディング	400	742	296,800	732	2,612
2013/12/2	7427	エコートレーディング	500	743	371,500	732	3,764
2013/12/3	1605	国際石油開発帝石	1,200	1,197.00	1,435,987	1,187.00	11,587
2013/12/3	1605	国際石油開発帝石	800	1,197.00	957,323	1,187.00	7,723
2013/12/3	1605	国際石油開発帝石	800	1,197.00	957,323	1,187.00	7,723
2013/12/3	6773	パイオニア	4,000	225	899,489	224	3,489
2013/12/3	6839	船井電機	200	1,238.00	247,479	1,215.00	4,479
2013/12/3	6839	船井電機	200	1,237.00	247,279	1,215.00	4,279
2013/12/3	6839	船井電機	600	1,236.00	741,231	1,215.00	12,231
2013/12/3	7241	フタバ産業	800	395	315,838	378	13,438

2013/12/3	7241	フタバ産業	1,700	395	671,153	378	28,553
2013/12/3	7241	フタバ産業	500	395	197,398	378	8,398
2013/12/4	7241	フタバ産業	3,000	401	1,202,389	378	68,389
2013/12/5	6989	北陸電気工業	2,000	153	305,745	138	29,745
2013/12/5	6989	北陸電気工業	2,000	153	305,744	138	29,744
2013/12/6	5218	オハラ	200	630	125,941	623	1,341
2013/12/6	5218	オハラ	400	630	251,877	623	2,677
2013/12/6	5218	オハラ	200	630	125,938	623	1,338
2013/12/6	5218	オハラ	100	630	62,969	623	669
2013/12/6	5218	オハラ	100	629	62,870	623	570
2013/12/6	5218	オハラ	600	629	377,217	623	3,417
2013/12/6	5218	オハラ	400	628	251,077	623	1,877
2013/12/20	6752	パナソニック	300	1,215.00	364,335	1,219.00	-1,368
2013/12/20	6752	パナソニック	300	1,215.00	364,333	1,219.00	-1,366
2013/12/20	6752	パナソニック	300	1,215.00	364,333	1,219.00	-1,366
2013/12/20	6752	パナソニック	200	1,215.00	242,888	1,219.00	-911
2013/12/24	7518	ネットワンシステムズ	1,700	651	1,106,217	638	21,617
2013/12/24	7518	ネットワンシステムズ	1,700	651	1,106,216	638	21,616
2013/12/24	8174	日本瓦斯	100	1,088.00	108,800	1,029.00	5,700
2013/12/24	8174	日本瓦斯	100	1,089.00	108,900	1,029.00	5,799
2013/12/24	8174	日本瓦斯	100	1,087.00	108,700	1,030.00	5,500
2013/12/24	8174	日本瓦斯	100	1,086.00	108,600	1,031.00	5,301
2013/12/24	8174	日本瓦斯	100	1,087.00	108,700	1,031.00	5,398
2013/12/24	8174	日本瓦斯	200	1,086.00	217,200	1,032.00	10,394
2013/12/24	8174	日本瓦斯	100	1,086.00	108,600	1,033.00	5,099
2013/12/24	8174	日本瓦斯	100	1,086.00	108,600	1,034.00	4,997
2013/12/24	8174	日本瓦斯	200	1,085.00	217,000	1,034.00	9,793
2013/12/24	8174	日本瓦斯	100	1,085.00	108,500	1,035.00	4,790
2013/12/25	4541	日医工	1,000	1,511.00	1,511,000	1,493.00	16,739
2013/12/26	4109	ステラケミファ	100	1,580.00	158,000	1,516.00	6,183
2013/12/26	4109	ステラケミファ	200	1,578.00	315,600	1,516.00	11,969
2013/12/26	4109	ステラケミファ	200	1,579.00	315,800	1,516.00	12,169
2013/12/26	4109	ステラケミファ	500	1,577.00	788,500	1,517.00	28,912
2013/12/26	5410	合同製鐵	5,000	177	885,000	171	28,665
2013/12/26	5423	東京製鐵	2,000	530	1,060,000	500	58,313
2013/12/27	2613	Ｊ－オイルミルズ	4,000	280	1,119,389	271	35,389
2013/12/27	4092	日本化学工業	10,000	139	1,390,000	133	57,893
2013/12/27	6368	オルガノ	3,000	468	1,404,000	452	46,211
2013/12/27	6855	日本電子材料	300	372	111,600	359	3,690
2013/12/27	6855	日本電子材料	300	371	111,300	360	3,090
2013/12/27	6855	日本電子材料	800	372	297,600	360	9,034
2013/12/27	6855	日本電子材料	800	371	296,800	361	7,433
2013/12/27	6855	日本電子材料	800	371	296,800	362	6,626

（画像提供：楽天証券　マーケットスピードより）

2014年

約定日	銘柄コード	銘柄名	数量[株]	売却/決済単価[円]	売却/決済額[円]	平均取得価額[円]	実現損益[円]
2014/1/6	6298	ワイエイシイ	500	570	284,862	556	6,862
2014/1/6	6298	ワイエイシイ	100	568	56,773	556	1,173
2014/1/6	6298	ワイエイシイ	100	566	56,573	556	973
2014/1/6	6298	ワイエイシイ	300	564	169,119	556	2,319
2014/1/6	6298	ワイエイシイ	100	563	56,273	556	673
2014/1/6	6298	ワイエイシイ	400	561	224,292	556	1,892
2014/1/6	6298	ワイエイシイ	500	561	280,363	556	2,363
2014/1/6	6298	ワイエイシイ	500	560	279,858	556	1,858
2014/1/6	6315	ＴＯＷＡ	1,000	489	488,679	471	17,679
2014/1/6	6315	ＴＯＷＡ	1,000	490	490,000	470	18,048
2014/1/6	6644	大崎電気	2,000	551	1,101,313	529	43,313
2014/1/6	6866	日置電機	300	1,470.00	440,742	1,399.00	21,042
2014/1/6	6866	日置電機	100	1,465.00	146,415	1,399.00	6,515
2014/1/6	6866	日置電機	100	1,465.00	146,415	1,399.00	6,515
2014/1/6	6866	日置電機	200	1,464.00	292,630	1,399.00	12,830
2014/1/6	6866	日置電機	100	1,463.00	146,211	1,399.00	6,311
2014/1/6	7455	三城ホールディングス	800	483	386,182	461	17,382
2014/1/6	7455	三城ホールディングス	500	485	242,363	461	11,863
2014/1/6	7455	三城ホールディングス	800	484	386,981	461	18,181
2014/1/6	7455	三城ホールディングス	200	483	96,545	461	4,345
2014/1/6	7455	三城ホールディングス	200	482	96,342	461	4,142
2014/1/6	8217	オークワ	2,000	920	1,838,913	906	26,913
2014/1/7	6632	ＪＶＣケンウッド	6,000	205	1,230,000	202	9,063
2014/1/9	6779	日本電波工業	400	935	373,818	911	9,418
2014/1/9	6779	日本電波工業	100	934	93,355	911	2,255
2014/1/9	6779	日本電波工業	400	934	373,417	911	9,017
2014/1/9	6779	日本電波工業	600	933	559,523	911	12,923
2014/1/10	6632	ＪＶＣケンウッド	4,000	210	840,000	203	14,022
2014/1/14	5541	大平洋金属	2,000	377	753,425	365	23,425
2014/1/14	6730	アクセル	100	1,832.00	183,091	1,795.00	3,591
2014/1/14	6730	アクセル	100	1,836.00	183,492	1,795.00	3,992
2014/1/14	6730	アクセル	200	1,835.00	366,783	1,795.00	7,783
2014/1/14	6730	アクセル	200	1,833.00	366,383	1,795.00	7,383
2014/1/14	6730	アクセル	200	1,832.00	366,184	1,795.00	7,184
2014/1/14	6730	アクセル	200	1,831.00	365,980	1,795.00	6,980
2014/1/16	5423	東京製鐵	2,000	531	1,062,000	521	18,004
2014/1/20	1419	タマホーム	200	1,047.00	209,264	1,003.00	8,664
2014/1/20	1419	タマホーム	300	1,047.00	313,893	1,003.00	12,993

2014/1/20	1419	タマホーム	500	1,047.00	523,156	1,003.00	21,656
2014/1/20	5423	東京製鐵	2,000	571	1,142,000	555	26,101
2014/1/20	6368	オルガノ	1,000	499	498,771	484	14,771
2014/1/20	6368	オルガノ	2,000	499	997,542	484	29,542
2014/1/21	2602	日清オイリオグループ	3,000	348	1,043,535	342	17,535
2014/1/21	2602	日清オイリオグループ	4,000	348	1,391,378	342	23,378
2014/1/21	6378	木村化工機	800	565	451,782	485	63,782
2014/1/21	6378	木村化工機	400	565	225,894	485	31,894
2014/1/21	6378	木村化工機	1,600	565	903,565	485	127,565
2014/1/21	6378	木村化工機	300	565	169,418	485	23,918
2014/1/21	6378	木村化工機	200	565	112,945	485	15,945
2014/1/21	6378	木村化工機	700	565	395,309	485	55,809
2014/1/22	5471	大同特殊鋼	2,000	520	1,039,313	504	31,313
2014/1/22	6301	小松製作所	600	2,137.00	1,281,513	2,082.00	32,313
2014/1/28	5471	大同特殊鋼	3,000	492	1,476,000	486	16,904
2014/1/28	6315	ＴＯＷＡ	900	502	451,800	490	10,343
2014/1/28	6315	ＴＯＷＡ	1,100	501	551,100	490	11,542
2014/1/28	6925	ウシオ電機	1,000	1,239.00	1,239,000	1,225.00	12,943
2014/1/29	6301	小松製作所	600	2,081.00	1,248,600	2,053.00	15,533
2014/1/29	7238	曙ブレーキ	2,500	480	1,199,313	468	29,313
2014/1/30	2190	ＪＣＬバイオアッセイ	100	551	55,100	501	4,929
2014/1/30	2190	ＪＣＬバイオアッセイ	300	550	165,000	501	14,484
2014/1/30	2190	ＪＣＬバイオアッセイ	100	550	55,000	502	4,730
2014/1/30	2190	ＪＣＬバイオアッセイ	100	548	54,800	503	4,430
2014/1/30	2190	ＪＣＬバイオアッセイ	200	549	109,800	503	9,057
2014/1/30	2190	ＪＣＬバイオアッセイ	100	548	54,800	504	4,329
2014/1/30	2190	ＪＣＬバイオアッセイ	100	547	54,700	505	4,129
2014/1/30	2190	ＪＣＬバイオアッセイ	100	547	54,700	506	4,029
2014/1/30	2190	ＪＣＬバイオアッセイ	300	547	164,100	507	11,784
2014/1/30	2190	ＪＣＬバイオアッセイ	600	546	327,600	507	22,968
2014/1/30	2190	ＪＣＬバイオアッセイ	500	545	272,500	508	18,124
2014/1/31	5471	大同特殊鋼	3,000	512	1,536,000	483	85,905
2014/1/31	9747	アサツーディ・ケイ	100	2,411.00	241,100	2,351.00	5,769
2014/1/31	9747	アサツーディ・ケイ	100	2,412.00	241,200	2,351.00	5,873
2014/1/31	9747	アサツーディ・ケイ	300	2,413.00	723,900	2,351.00	17,911
2014/2/6	4112	保土谷化学	5,000	178	890,000	174	18,615
2014/2/6	5482	愛知製鋼	3,000	398	1,194,000	393	13,458
2014/2/6	6804	ホシデン	2,000	497	994,000	488	16,561
2014/2/7	3168	クロタニコーポレーション	100	585	58,500	580	404
2014/2/7	3168	クロタニコーポレーション	800	585	468,000	584	22
2014/2/7	3168	クロタニコーポレーション	600	585	351,000	586	-1,188
2014/2/7	4564	オンコセラピー・サイエンス	1,100	201	221,100	197	4,080
2014/2/7	4564	オンコセラピー・サイエンス	4,900	202	989,800	197	23,077
2014/2/7	5218	オハラ	300	590	177,000	580	2,831
2014/2/7	5218	オハラ	400	589	235,600	581	2,973
2014/2/7	5218	オハラ	500	588	294,000	581	3,216
2014/2/7	5218	オハラ	100	587	58,700	582	445
2014/2/7	5218	オハラ	200	588	117,600	582	1,088
2014/2/7	5218	オハラ	400	587	234,800	583	1,371
2014/2/7	5218	オハラ	100	587	58,700	584	239
2014/2/7	5384	フジミインコーポレーテッド	600	1,109.00	665,400	1,081.00	15,747
2014/2/7	5410	合同製鐵	6,000	166	996,000	164	10,390
2014/2/7	5423	東京製鐵	1,300	500	650,000	480	25,020
2014/2/7	5423	東京製鐵	200	499	99,800	481	3,448
2014/2/7	5423	東京製鐵	500	500	250,000	481	9,120
2014/2/7	5541	大平洋金属	3,000	349	1,047,000	339	28,454
2014/2/7	6640	第一精工	200	1,135.00	227,000	1,103.00	5,720
2014/2/7	6640	第一精工	200	1,136.00	227,200	1,103.00	6,299
2014/2/7	6640	第一精工	300	1,134.00	340,200	1,104.00	8,547

約定日	銘柄コード	銘柄名	数量[株]	売却/決済単価[円]	売却/決済額[円]	平均取得価額[円]	実現損益[円]
2014/2/7	6640	第一精工	500	1,132.00	566,000	1,105.00	12,735
2014/2/7	7609	ダイトエレクトロン	1,000	397	397,000	376	20,386
2014/2/7	7609	ダイトエレクトロン	600	397	238,200	377	11,632
2014/2/7	7609	ダイトエレクトロン	300	397	119,100	378	5,514
2014/2/7	7609	ダイトエレクトロン	400	396	158,400	379	6,553
2014/2/7	7609	ダイトエレクトロン	200	396	79,200	380	3,078
2014/2/7	7609	ダイトエレクトロン	100	392	39,200	381	1,041
2014/2/7	7609	ダイトエレクトロン	200	396	79,200	381	2,876
2014/2/7	7609	ダイトエレクトロン	100	391	39,100	382	837
2014/2/7	7609	ダイトエレクトロン	100	391	39,100	383	729
2014/2/10	4540	ツムラ	300	2,686.00	805,161	2,687.00	-939
2014/2/10	4540	ツムラ	500	2,686.00	1,343,000	2,550.00	65,808
2014/2/12	6417	ＳＡＮＫＹＯ	300	4,140.00	1,242,000	4,045.00	27,146
2014/2/12	6839	船井電機	200	1,135.00	227,000	1,083.00	10,075
2014/2/12	6839	船井電機	100	1,135.00	113,500	1,084.00	4,939
2014/2/12	6839	船井電機	200	1,134.00	226,800	1,085.00	9,476
2014/2/12	6839	船井電機	300	1,134.00	340,200	1,086.00	13,910
2014/2/12	6839	船井電機	500	1,134.00	567,000	1,087.00	22,678
2014/2/12	6839	船井電機	100	1,133.00	113,300	1,089.00	4,231
2014/2/12	6839	船井電機	100	1,134.00	113,400	1,089.00	4,333
2014/2/13	5726	大阪チタニウム	100	1,579.00	157,900	1,546.00	3,106
2014/2/13	5726	大阪チタニウム	200	1,581.00	316,200	1,546.00	6,608
2014/2/13	5726	大阪チタニウム	200	1,575.00	315,000	1,547.00	5,205
2014/2/13	5726	大阪チタニウム	300	1,576.00	472,800	1,547.00	8,110
2014/2/13	7455	三城ホールディングス	100	465	46,500	449	1,520
2014/2/13	7455	三城ホールディングス	400	469	187,600	449	7,676
2014/2/13	7455	三城ホールディングス	500	468	234,000	449	9,095
2014/2/13	7455	三城ホールディングス	600	465	279,000	450	8,513
2014/2/13	7455	三城ホールディングス	100	463	46,300	451	1,116
2014/2/13	7455	三城ホールディングス	300	465	139,500	451	3,953
2014/2/13	8388	阿波銀行	2,000	486	972,000	474	22,495
2014/2/14	8217	オークワ	1,000	849	849,000	833	14,563
2014/2/17	5410	合同製鐵	5,000	166	830,000	162	18,919
2014/2/17	5482	愛知製鋼	2,000	416	832,000	395	40,923
2014/2/17	7518	ネットワンシステムズ	1,300	650	845,000	640	12,042
2014/2/17	7518	ネットワンシステムズ	200	650	130,000	641	1,653
2014/2/18	2602	日清オイリオグループ	2,000	331	662,000	323	14,892
2014/2/18	5541	大平洋金属	2,000	331	662,000	324	12,892
2014/2/18	7427	エコートレーディング	100	715	71,500	703	1,101
2014/2/18	7427	エコートレーディング	100	710	71,000	704	501
2014/2/18	7427	エコートレーディング	100	714	71,400	704	901
2014/2/18	7427	エコートレーディング	200	708	141,600	705	400
2014/2/18	7427	エコートレーディング	200	709	141,800	705	599
2014/2/18	7427	エコートレーディング	100	707	70,700	706	0
2014/2/18	7427	エコートレーディング	200	706	141,200	706	-199
2014/2/18	7427	エコートレーディング	300	705	211,500	707	-901
2014/2/18	7427	エコートレーディング	100	702	70,200	708	-700
2014/2/18	7427	エコートレーディング	100	703	70,300	708	-600
2014/2/18	7427	エコートレーディング	200	701	140,200	708	-1,609
2014/2/18	7427	エコートレーディング	300	705	211,500	708	-1,205
2014/2/19	1964	中外炉工業	4,000	227	908,000	223	14,528
2014/2/19	4109	ステラケミファ	100	1,415.00	141,500	1,521.00	-10,931
2014/2/19	4109	ステラケミファ	100	1,415.00	141,500	1,522.00	-11,031
2014/2/19	4109	ステラケミファ	100	1,415.00	141,500	1,523.00	-11,131
2014/2/19	4109	ステラケミファ	200	1,415.00	283,000	1,524.00	-22,467
2014/2/19	4109	ステラケミファ	100	1,414.00	141,400	1,525.00	-11,434
2014/2/19	4109	ステラケミファ	200	1,415.00	283,000	1,525.00	-22,670

2014/2/19	4109	ステラケミファ	400	1,413.00	565,200	1,358.00	20,954
2014/2/19	4109	ステラケミファ	400	1,414.00	565,600	1,358.00	21,359
2014/2/19	6815	ユニデン	3,000	272	816,000	265	19,720
2014/2/19	6958	日本シイエムケイ	5,000	264	1,320,000	252	57,030
2014/2/19	7751	キヤノン	300	3,141.00	942,300	3,078.00	16,284
2014/2/19	8361	大垣共立銀行	4,000	275	1,100,000	271	14,414
2014/2/19	9132	第一中央汽船	10,000	99	990,000	93	58,663
2014/2/20	8396	十八銀行	5,000	214	1,070,000	212	7,890
2014/2/21	5301	東海カーボン	2,000	313	626,000	308	8,691
2014/2/21	5423	東京製鐵	1,600	486	777,600	481	6,914
2014/2/21	5423	東京製鐵	400	486	194,400	482	1,327
2014/2/21	5423	東京製鐵	2,000	486	972,000	480	10,805
2014/2/21	5541	大平洋金属	2,000	335	670,000	326	16,946
2014/2/25	4568	第一三共	700	1,753.00	1,226,336	1,730.00	15,336
2014/2/25	6641	日新電機	2,000	552	1,104,000	532	36,985
2014/2/25	7916	光村印刷	3,000	270	809,361	266	11,361
2014/3/5	5491	日本金属	5,000	131	655,000	128	13,338
2014/3/6	5482	愛知製鋼	2,000	402	804,000	394	14,844
2014/3/7	5410	合同製鐵	5,000	171	855,000	168	13,084
2014/3/7	7545	西松屋チェーン	1,000	750	750,000	722	26,817
2014/3/7	8388	阿波銀行	2,000	524	1,047,389	508	31,389
2014/3/11	2134	燦キャピタルマネージメント	2,400	161	386,169	150	26,169
2014/3/11	2134	燦キャピタルマネージメント	3,900	161	627,522	150	42,522
2014/3/11	2134	燦キャピタルマネージメント	3,700	161	595,342	150	40,342
2014/3/11	6632	ＪＶＣケンウッド	2,000	244	487,797	233	21,797
2014/3/11	6632	ＪＶＣケンウッド	2,000	244	487,796	233	21,796
2014/3/11	6632	ＪＶＣケンウッド	1,000	244	243,898	233	10,898
2014/3/11	6632	ＪＶＣケンウッド	1,000	244	243,898	233	10,898
2014/3/11	7859	アルメディオ	200	180	36,000	168	2,303
2014/3/11	7859	アルメディオ	600	180	108,000	169	6,304
2014/3/11	7859	アルメディオ	200	180	36,000	170	1,903
2014/3/11	7859	アルメディオ	600	180	108,000	171	5,098
2014/3/11	7859	アルメディオ	100	180	18,000	172	752
2014/3/11	7859	アルメディオ	1,800	180	324,000	173	11,689
2014/3/11	7859	アルメディオ	1,500	180	270,000	174	8,227
2014/3/14	6866	日置電機	200	1,413.00	282,478	1,408.00	878
2014/3/14	6866	日置電機	200	1,413.00	282,478	1,408.00	878
2014/3/14	6866	日置電機	100	1,412.00	141,140	1,408.00	340
2014/3/14	6866	日置電機	100	1,409.00	140,840	1,408.00	40
2014/3/14	6866	日置電機	100	1,408.00	140,740	1,408.00	-60
2014/3/14	6866	日置電機	100	1,404.00	140,340	1,408.00	-460
2014/3/14	6866	日置電機	100	1,402.00	140,141	1,408.00	-659
2014/3/14	6866	日置電機	100	1,401.00	140,032	1,408.00	-768
2014/3/17	6640	第一精工	500	1,290.00	644,840	1,287.00	1,340
2014/3/17	6640	第一精工	300	1,290.00	386,903	1,287.00	803
2014/3/17	6640	第一精工	600	1,290.00	773,806	1,287.00	1,606
2014/3/17	6640	第一精工	1,600	1,290.00	2,063,484	1,287.00	4,284
2014/3/18	5482	愛知製鋼	2,000	403	806,000	392	20,913
2014/3/18	5706	三井金属	2,000	243	486,000	238	9,043
2014/3/18	5726	大阪チタニウム	100	1,544.00	154,400	1,515.00	2,730
2014/3/18	5726	大阪チタニウム	300	1,543.00	462,900	1,515.00	7,889
2014/3/18	5726	大阪チタニウム	100	1,543.00	154,300	1,516.00	2,526
2014/3/18	5726	大阪チタニウム	300	1,542.00	462,600	1,516.00	7,285
2014/3/18	7915	日本写真印刷	400	1,376.00	550,400	1,330.00	17,419
2014/3/24	1964	中外炉工業	3,000	229	686,489	228	2,489
2014/3/24	5481	山陽特殊製鋼	2,000	405	810,000	386	36,722
2014/3/24	8361	大垣共立銀行	3,000	271	812,489	261	29,489
2014/3/24	9474	ゼンリン	200	986	197,200	963	4,388
2014/3/24	9474	ゼンリン	300	986	295,800	966	5,675

約定日	銘柄コード	銘柄名	数量[株]	売却/決済単価[円]	売却/決済額[円]	平均取得価額[円]	実現損益[円]
2014/3/24	9474	ゼンリン	500	986	493,000	967	8,955
2014/3/24	9747	アサツーディ・ケイ	600	2,071.00	1,242,600	2,012.00	33,827
2014/3/25	6675	サクサホールディングス	5,000	153	764,489	151	9,489
2014/3/25	8387	四国銀行	4,000	207	828,000	204	10,899
2014/3/25	8396	十八銀行	5,000	222	1,110,000	217	21,487
2014/3/26	5481	山陽特殊製鋼	2,000	421	842,000	411	17,435
2014/3/26	6804	ホシデン	2,000	504	1,007,389	494	19,389
2014/3/28	6274	新川	200	597	119,400	549	8,746
2014/3/28	6274	新川	100	595	59,500	550	4,178
2014/3/28	6274	新川	200	596	119,200	550	8,556
2014/3/28	6274	新川	900	597	537,300	550	39,392
2014/3/28	6274	新川	100	595	59,500	551	4,078
2014/3/28	6274	新川	300	594	178,200	551	11,930
2014/3/28	6274	新川	200	594	118,800	552	7,748
2014/3/28	8387	四国銀行	4,000	212	847,489	209	11,489
2014/3/31	3161	アゼアス	500	402	201,000	393	3,711
2014/3/31	3161	アゼアス	500	403	201,500	393	4,209
2014/3/31	3161	アゼアス	1,000	400	400,000	393	5,103
2014/3/31	3161	アゼアス	1,000	401	401,000	393	6,422
2014/3/31	5706	三井金属	4,000	240	959,489	236	15,489
2014/3/31	5707	東邦亜鉛	3,000	312	936,000	301	31,552
2014/3/31	6472	NTN	3,000	344	1,031,389	335	26,389
2014/3/31	6958	日本シイエムケイ	1,000	261	261,000	256	3,956
2014/3/31	6958	日本シイエムケイ	4,000	262	1,048,000	256	19,822
2014/3/31	8217	オークワ	1,000	916	915,489	887	28,489
2014/3/31	9101	日本郵船	2,000	298	596,000	290	14,648
2014/3/31	9474	ゼンリン	300	1,040.00	311,817	1,009.00	9,117
2014/3/31	9474	ゼンリン	200	1,040.00	207,878	1,009.00	6,078
2014/3/31	9474	ゼンリン	200	1,039.00	207,678	1,009.00	5,878
2014/3/31	9474	ゼンリン	300	1,039.00	311,516	1,009.00	8,816
2014/4/1	4208	宇部興産	5,000	189	945,000	185	18,268
2014/4/1	5563	日本電工	4,000	277	1,108,000	269	30,415
2014/4/1	5726	大阪チタニウム	800	1,828.00	1,461,772	1,758.00	55,372
2014/4/1	6855	日本電子材料	200	451	90,200	433	3,488
2014/4/1	6855	日本電子材料	1,500	450	675,000	433	24,661
2014/4/2	4182	三菱瓦斯化学	2,000	606	1,211,372	580	51,372
2014/4/2	6584	三桜工業	1,000	667	666,475	642	24,475
2014/4/2	6890	フェローテック	1,000	562	561,475	544	17,475
2014/4/2	7915	日本写真印刷	600	1,361.00	816,600	1,319.00	24,157
2014/4/2	8396	十八銀行	5,000	230	1,150,000	225	16,875
2014/4/7	5482	愛知製鋼	2,000	409	818,000	396	24,184
2014/4/7	5482	愛知製鋼	2,000	409	818,000	396	24,892
2014/4/7	5541	大平洋金属	2,000	393	786,000	383	18,716
2014/4/10	7243	シロキ工業	4,000	201	804,000	199	7,090
2014/4/10	9104	商船三井	2,000	379	758,000	372	13,099
2014/4/11	6839	船井電機	1,000	1,014.00	1,013,372	1,003.00	10,372
2014/4/15	4208	宇部興産	5,000	184	920,000	181	13,918
2014/4/16	5410	合同製鐵	4,000	146	584,000	143	10,586
2014/4/16	5482	愛知製鋼	3,000	401	1,203,000	390	31,630
2014/4/17	5727	東邦チタニウム	2,000	639	1,278,000	623	25,131
2014/4/17	7916	光村印刷	3,000	262	786,000	256	16,834
2014/4/17	8387	四国銀行	3,000	206	618,000	201	13,969
2014/4/17	9747	アサツーディ・ケイ	300	2,223.00	666,586	2,191.00	9,286
2014/4/17	9747	アサツーディ・ケイ	300	2,223.00	666,586	2,191.00	9,286
2014/4/21	4043	トクヤマ	2,000	328	656,000	320	14,466
2014/4/21	5410	合同製鐵	6,000	149	894,000	142	39,399
2014/4/21	5410	合同製鐵	6,000	149	894,000	143	34,137

2014/4/21	5410	合同製鐵	10,000	149	1,490,000	141	77,763
2014/4/21	6768	タムラ製作所	4,000	250	1,000,000	246	14,975
2014/4/21	8370	紀陽銀行	100	1,212.00	121,200	1,179.00	3,076
2014/4/21	8370	紀陽銀行	400	1,213.00	485,200	1,179.00	12,700
2014/4/24	5410	合同製鐵	10,000	143	1,430,000	139	38,871
2014/4/25	8016	オンワードホールディングス	1,000	675	675,000	656	17,058
2014/4/25	8703	カブドットコム証券	2,000	476	952,000	455	39,838
2014/4/30	5410	合同製鐵	2,000	144	288,000	138	11,512
2014/5/1	5410	合同製鐵	16,000	145	2,320,000	143	28,449
2014/5/1	5410	合同製鐵	8,000	145	1,160,000	138	55,373
2014/5/1	6417	ＳＡＮＫＹＯ	200	4,125.00	824,475	4,063.00	11,875
2014/5/2	5727	東邦チタニウム	1,800	690	1,241,436	684	10,236
2014/5/2	5727	東邦チタニウム	200	689	137,736	684	936
2014/5/13	6753	シャープ	5,000	273	1,364,372	261	59,372
2014/5/13	8511	日本証券金融	1,000	617	617,000	594	20,148
2014/5/13	8511	日本証券金融	1,000	617	617,000	583	31,534
2014/5/14	6513	オリジン電気	1,000	298	297,835	293	4,835
2014/5/14	6513	オリジン電気	2,000	298	595,669	293	9,669
2014/5/14	6513	オリジン電気	2,000	298	595,669	293	9,669
2014/5/14	6513	オリジン電気	1,000	297	296,833	293	3,833
2014/5/14	6513	オリジン電気	3,000	296	888,000	291	11,314
2014/5/14	9101	日本郵船	3,000	300	900,000	294	14,287
2014/5/16	6676	メルコホールディングス	200	1,604.00	320,602	1,577.00	5,202
2014/5/16	6676	メルコホールディングス	100	1,604.00	160,300	1,577.00	2,600
2014/5/16	6676	メルコホールディングス	700	1,604.00	1,122,104	1,577.00	18,204
2014/5/20	5410	合同製鐵	12,000	137	1,644,000	132	59,053
2014/5/22	4004	昭和電工	5,000	130	650,000	128	8,845
2014/5/22	5410	合同製鐵	4,000	136	544,000	132	15,247
2014/5/22	5423	東京製鐵	2,000	477	954,000	469	15,066
2014/5/22	9104	商船三井	2,000	369	738,000	359	16,820
2014/5/23	7867	タカラトミー	2,000	497	993,603	486	21,603
2014/5/23	7867	タカラトミー	1,000	497	496,801	486	10,801
2014/5/23	7867	タカラトミー	2,000	496	991,602	486	19,602
2014/5/26	2168	パソナグループ	200	496	99,200	479	3,301
2014/5/26	2168	パソナグループ	200	497	99,400	479	3,499
2014/5/26	2168	パソナグループ	1,600	496	793,600	480	24,781
2014/5/26	6417	ＳＡＮＫＹＯ	200	3,840.00	768,000	3,765.00	13,651
2014/5/26	6767	ミツミ電機	1,000	653	653,000	640	11,629
2014/5/26	8016	オンワードホールディングス	1,000	716	716,000	699	12,980
2014/5/26	9104	商船三井	2,000	376	752,000	369	10,260
2014/5/27	5482	愛知製鋼	3,000	370	1,110,000	369	638
2014/5/27	5482	愛知製鋼	3,000	370	1,110,000	361	26,143
2014/5/27	9972	アルテック	900	228	205,200	212	13,971
2014/5/27	9972	アルテック	1,100	229	251,900	212	18,175
2014/5/29	5974	中国工業	100	733	73,203	722	1,003
2014/5/29	5974	中国工業	200	732	146,204	722	1,804
2014/5/29	9132	第一中央汽船	10,000	90	900,000	87	28,562
2014/5/30	6839	船井電機	100	977	97,700	945	3,052
2014/5/30	6839	船井電機	500	978	489,000	945	15,761
2014/5/30	6839	船井電機	400	977	390,800	946	11,791
2014/6/2	4080	田中化学研究所	100	459	45,900	447	675
2014/6/2	4080	田中化学研究所	700	460	322,000	447	6,939
2014/6/2	4080	田中化学研究所	200	459	91,800	445	2,223
2014/6/2	4080	田中化学研究所	1,000	458	458,000	445	9,851
2014/6/2	5482	愛知製鋼	2,000	372	744,000	365	13,101
2014/6/2	6217	津田駒工業	6,000	140	839,475	139	5,475
2014/6/3	4564	オンコセラピー・サイエンス	5,000	139	695,000	133	29,056
2014/6/3	6363	酉島製作所	1,000	808	808,000	797	10,090
2014/6/3	8835	太平洋興発	6,000	98	588,000	96	10,834

約定日	銘柄コード	銘柄名	数量[株]	売却/決済単価[円]	売却/決済額[円]	平均取得価額[円]	実現損益[円]
2014/6/4	3770	ザッパラス	500	667	333,500	648	8,977
2014/6/4	3770	ザッパラス	100	663	66,300	649	1,298
2014/6/4	3770	ザッパラス	100	664	66,400	649	1,397
2014/6/4	3770	ザッパラス	100	661	66,100	650	990
2014/6/4	3770	ザッパラス	200	662	132,400	650	2,189
2014/6/4	5410	合同製鐵	16,000	145	2,320,000	141	58,068
2014/6/4	8703	カブドットコム証券	2,000	465	930,000	452	22,560
2014/6/5	1518	三井松島	6,000	133	798,000	130	16,828
2014/6/6	2168	パソナグループ	1,500	536	803,504	529	10,004
2014/6/6	2168	パソナグループ	200	536	107,133	529	1,333
2014/6/6	2168	パソナグループ	600	535	320,802	529	3,402
2014/6/6	2168	パソナグループ	700	535	374,267	529	3,967
2014/6/6	5410	合同製鐵	6,000	147	882,000	143	20,973
2014/6/6	6217	津田駒工業	5,000	145	725,000	140	20,096
2014/6/6	7007	佐世保重工業	8,000	107	855,475	105	15,475
2014/6/9	6513	オリジン電気	2,000	303	605,475	293	19,475
2014/6/9	6958	日本シイエムケイ	300	264	79,200	254	2,030
2014/6/9	6958	日本シイエムケイ	700	264	184,800	255	5,284
2014/6/9	6958	日本シイエムケイ	2,000	263	526,000	255	13,100
2014/6/9	6958	日本シイエムケイ	600	263	157,800	256	3,328
2014/6/9	6958	日本シイエムケイ	1,400	263	368,200	257	6,352
2014/6/9	7874	レック	100	1,067.00	106,700	1,036.00	2,533
2014/6/9	7874	レック	100	1,066.00	106,600	1,041.00	2,310
2014/6/9	7874	レック	200	1,065.00	213,000	1,042.00	4,218
2014/6/9	7874	レック	300	1,065.00	319,500	1,043.00	6,024
2014/6/9	7874	レック	100	1,065.00	106,500	1,044.00	1,904
2014/6/10	3161	アゼアス	700	370	259,000	358	7,741
2014/6/10	3161	アゼアス	1,000	367	367,000	358	8,060
2014/6/12	5210	日本山村硝子	5,000	160	800,000	156	17,376
2014/6/13	6417	ＳＡＮＫＹＯ	200	3,955.00	790,475	3,815.00	27,475
2014/6/13	6417	ＳＡＮＫＹＯ	200	3,955.00	791,000	3,800.00	29,839
2014/6/13	6417	ＳＡＮＫＹＯ	200	3,955.00	791,000	3,800.00	29,968
2014/6/16	6274	新川	100	497	49,700	488	832
2014/6/16	6274	新川	200	500	100,000	488	2,261
2014/6/16	6274	新川	200	501	100,200	488	2,458
2014/6/16	6274	新川	400	499	199,600	488	4,120
2014/6/16	6274	新川	1,100	498	547,800	488	10,227
2014/6/16	6274	新川	200	497	99,400	488	1,717
2014/6/16	6274	新川	1,300	496	644,800	488	9,862
2014/6/16	6274	新川	300	496	148,800	489	1,975
2014/6/16	6274	新川	200	496	99,200	490	1,114
2014/6/16	6730	アクセル	300	1,478.00	443,400	1,435.00	11,565
2014/6/16	6730	アクセル	100	1,475.00	147,500	1,429.00	4,271
2014/6/16	6730	アクセル	100	1,476.00	147,600	1,429.00	4,372
2014/6/16	6730	アクセル	100	1,478.00	147,800	1,429.00	4,568
2014/6/16	6730	アクセル	100	1,475.00	147,500	1,430.00	4,171
2014/6/16	6730	アクセル	100	1,474.00	147,400	1,431.00	3,963
2014/6/17	5410	合同製鐵	6,000	156	936,000	149	33,115
2014/6/18	6839	船井電機	1,500	1,011.00	1,515,901	990	30,901
2014/6/18	6839	船井電機	600	1,011.00	606,361	990	12,361
2014/6/18	6839	船井電機	100	1,012.00	101,162	990	2,162
2014/6/18	6839	船井電機	300	1,013.00	303,782	990	6,782
2014/6/19	4109	ステラケミファ	200	1,361.00	272,025	1,306.00	10,825
2014/6/19	4109	ステラケミファ	400	1,361.00	544,050	1,306.00	21,650
2014/6/19	4109	ステラケミファ	200	1,351.00	270,200	1,311.00	7,559
2014/6/19	4109	ステラケミファ	400	1,352.00	540,800	1,311.00	15,513
2014/6/19	4109	ステラケミファ	200	1,350.00	270,000	1,312.00	7,157

2014/6/19	4109	ステラケミファ	200	1,350.00	270,000	1,313.00	6,953
2014/6/19	4564	オンコセラピー・サイエンス	5,000	183	915,000	174	35,071
2014/6/19	5410	合同製鐵	6,000	161	966,000	156	19,289
2014/6/19	5482	愛知製鋼	3,000	381	1,143,000	374	20,035
2014/6/19	8703	カブドットコム証券	2,000	505	1,009,372	495	19,372
2014/6/20	7859	アルメディオ	3,000	148	443,738	144	11,738
2014/6/20	7859	アルメディオ	300	149	44,673	144	1,473
2014/6/20	7859	アルメディオ	2,700	149	402,064	144	13,264
2014/6/23	4208	宇部興産	10,000	178	1,780,000	171	66,619
2014/6/24	6632	ＪＶＣケンウッド	5,000	200	1,000,000	193	34,092
2014/6/24	6632	ＪＶＣケンウッド	5,000	200	1,000,000	194	29,090
2014/6/24	8011	三陽商会	5,000	237	1,184,372	228	44,372
2014/6/26	6767	ミツミ電機	1,000	726	725,475	706	19,475
2014/6/26	9972	アルテック	1,400	263	367,832	253	13,632
2014/6/26	9972	アルテック	600	264	158,243	253	6,443
2014/6/30	3896	阿波製紙	1,100	346	380,600	333	11,645
2014/6/30	3896	阿波製紙	500	346	173,000	336	3,882
2014/6/30	3896	阿波製紙	400	346	138,400	337	2,697
2014/6/30	5214	日本電気硝子	3,000	588	1,763,006	574	41,006
2014/7/1	3645	日本メディカルネットコミュ	400	734	293,432	711	9,032
2014/7/1	3645	日本メディカルネットコミュ	1,100	734	806,940	711	24,840
2014/7/1	5482	愛知製鋼	2,000	415	829,668	411	7,668
2014/7/1	5482	愛知製鋼	1,000	416	415,834	411	4,834
2014/7/1	5482	愛知製鋼	3,000	416	1,247,504	411	14,504
2014/7/7	7859	アルメディオ	100	141	14,092	133	792
2014/7/7	7859	アルメディオ	1,100	142	156,117	133	9,817
2014/7/7	7859	アルメディオ	3,700	142	525,122	133	33,022
2014/7/7	7859	アルメディオ	2,100	142	298,044	133	18,744
2014/7/8	3168	クロタニコーポレーション	200	537	107,400	530	1,106
2014/7/8	3168	クロタニコーポレーション	400	539	215,600	530	3,015
2014/7/8	3168	クロタニコーポレーション	1,200	538	645,600	530	7,847
2014/7/9	2792	ハニーズ	1,000	1,025.00	1,024,372	1,001.00	23,372
2014/7/15	5410	合同製鐵	6,000	153	918,000	149	22,997
2014/7/15	9132	第一中央汽船	1,000	95	95,000	93	1,549
2014/7/16	3770	ザッパラス	1,000	640	639,686	625	14,686
2014/7/16	3770	ザッパラス	1,000	640	639,686	625	14,686
2014/7/22	5410	合同製鐵	6,000	160	960,000	155	28,280
2014/7/30	5410	合同製鐵	6,000	169	1,014,000	163	20,736
2014/7/31	3161	アゼアス	600	388	232,800	367	11,225
2014/7/31	3161	アゼアス	100	387	38,700	370	1,519
2014/7/31	3161	アゼアス	500	388	194,000	370	8,140
2014/7/31	3161	アゼアス	900	386	347,400	370	12,490
2014/7/31	3161	アゼアス	900	387	348,300	370	13,750
2014/8/1	9101	日本郵船	3,000	290	870,000	282	22,508
2014/8/7	3161	アゼアス	100	549	54,866	431	11,766
2014/8/7	3161	アゼアス	300	549	164,600	431	35,300
2014/8/7	3161	アゼアス	100	549	54,866	431	11,766
2014/8/7	3161	アゼアス	1,000	549	548,668	431	117,668
2014/8/7	3161	アゼアス	400	549	219,467	431	47,067
2014/8/7	3161	アゼアス	300	549	164,600	431	35,300
2014/8/7	3161	アゼアス	100	549	54,866	431	11,766
2014/8/7	3161	アゼアス	200	549	109,733	431	23,533
2014/8/7	3161	アゼアス	300	549	164,600	431	35,300
2014/8/7	3161	アゼアス	100	549	54,866	431	11,766
2014/8/7	3161	アゼアス	100	549	54,874	431	11,774
2014/8/12	2168	パソナグループ	2,000	542	1,084,000	525	32,958
2014/8/12	6839	船井電機	400	1,049.00	419,600	1,018.00	11,814
2014/8/12	6839	船井電機	600	1,050.00	630,000	1,018.00	18,322
2014/8/14	5423	東京製鐵	900	656	590,117	652	3,317

約定日	銘柄コード	銘柄名	数量[株]	売却/決済単価[円]	売却/決済額[円]	平均取得価額[円]	実現損益[円]
2014/8/14	5423	東京製鐵	100	657	65,668	652	468
2014/8/14	5423	東京製鐵	1,000	657	656,687	652	4,687
2014/8/14	5541	大平洋金属	2,000	390	780,000	383	12,771
2014/8/14	9101	日本郵船	3,000	289	867,000	277	34,732
2014/8/18	9132	第一中央汽船	10,000	93	930,000	91	17,992
2014/8/19	6839	船井電機	200	1,113.00	222,494	1,082.00	6,094
2014/8/19	6839	船井電機	300	1,114.00	334,053	1,082.00	9,453
2014/8/19	6839	船井電機	500	1,115.00	557,252	1,082.00	16,252
2014/8/19	6839	船井電機	100	1,115.00	111,451	1,082.00	3,251
2014/8/19	6839	船井電機	300	1,116.00	334,652	1,082.00	10,052
2014/8/19	6839	船井電機	200	1,117.00	223,301	1,082.00	6,901
2014/8/19	6839	船井電機	100	1,117.00	111,651	1,082.00	3,451
2014/8/19	6839	船井電機	300	1,118.00	335,252	1,082.00	10,652
2014/8/19	9707	ユニマットそよ風	300	1,005.00	301,500	968	9,298
2014/8/19	9707	ユニマットそよ風	300	1,010.00	303,000	968	10,794
2014/8/19	9707	ユニマットそよ風	400	1,003.00	401,200	968	11,373
2014/8/20	2168	パソナグループ	1,000	568	568,000	547	19,993
2014/8/20	5563	新日本電工	3,000	278	833,475	272	17,475
2014/8/22	8152	ソマール	1,000	169	168,900	168	900
2014/8/22	8152	ソマール	2,000	169	337,801	168	1,801
2014/8/22	8152	ソマール	1,000	169	168,900	168	900
2014/8/22	8152	ソマール	1,000	169	168,900	168	900
2014/8/22	8152	ソマール	5,000	169	844,505	168	4,505
2014/8/26	6274	新川	600	497	298,200	483	6,848
2014/8/26	6274	新川	1,100	498	547,800	483	13,652
2014/8/26	6274	新川	1,300	496	644,800	483	13,210
2014/8/26	6804	ホシデン	1,000	558	557,475	544	13,475
2014/8/26	6925	ウシオ電機	500	1,169.00	583,975	1,146.00	10,975
2014/8/26	7859	アルメディオ	900	133	119,604	134	-996
2014/8/26	7859	アルメディオ	3,100	134	415,076	134	-324
2014/8/26	7859	アルメディオ	1,000	135	134,895	134	895
2014/8/28	6315	ＴＯＷＡ	1,000	625	624,686	579	45,686
2014/8/28	6315	ＴＯＷＡ	300	625	187,405	579	13,705
2014/8/28	6315	ＴＯＷＡ	700	625	437,281	579	31,981
2014/9/1	5563	新日本電工	3,000	283	848,409	275	23,409
2014/9/2	6958	日本シイエムケイ	4,400	283	1,244,577	280	12,577
2014/9/2	6958	日本シイエムケイ	600	284	170,316	280	2,316
2014/9/2	7859	アルメディオ	300	139	41,664	135	1,164
2014/9/2	7859	アルメディオ	4,700	139	652,745	135	18,245
2014/9/2	7874	レック	100	1,141.00	114,028	1,121.00	1,928
2014/9/2	7874	レック	200	1,141.00	228,058	1,121.00	3,858
2014/9/2	7874	レック	100	1,142.00	114,130	1,121.00	2,030
2014/9/2	7874	レック	100	1,142.00	114,130	1,121.00	2,030
2014/9/2	7874	レック	100	1,143.00	114,229	1,121.00	2,129
2014/9/2	7874	レック	100	1,143.00	114,229	1,121.00	2,129
2014/9/2	7874	レック	300	1,143.00	342,689	1,121.00	6,389
2014/9/3	7312	タカタ	300	2,220.00	665,575	2,101.00	35,275
2014/9/3	7312	タカタ	100	2,220.00	221,859	2,101.00	11,759
2014/9/3	7312	タカタ	100	2,221.00	221,959	2,101.00	11,859
2014/9/3	9132	第一中央汽船	10,000	94	940,000	91	28,315
2014/9/3	9132	第一中央汽船	10,000	94	940,000	90	38,556
2014/9/8	5191	東海ゴム工業	300	1,016.00	304,504	994	6,304
2014/9/8	5191	東海ゴム工業	300	1,017.00	304,805	994	6,605
2014/9/10	6417	ＳＡＮＫＹＯ	200	4,035.00	806,441	3,911.00	24,241
2014/9/10	6417	ＳＡＮＫＹＯ	200	4,035.00	806,441	3,911.00	24,241
2014/9/11	5201	旭硝子	2,000	579.8	1,159,600	564.5	28,246
2014/9/16	7545	西松屋チェーン	1,000	807	806,409	785	21,409

2014/9/18	7518	ネットワンシステムズ	1,000	674	673,409	659	14,409
2014/9/22	8270	ユニーグループ・HD	2,000	597	1,194,000	587	16,691
2014/9/25	5218	オハラ	100	589	58,876	591	-224
2014/9/25	5218	オハラ	200	590	117,962	591	-237
2014/9/25	5218	オハラ	500	590	294,907	591	-592
2014/9/25	5218	オハラ	100	590	58,981	591	-118
2014/9/25	5218	オハラ	200	590	117,962	591	-237
2014/9/25	5218	オハラ	800	590	471,851	591	-948
2014/9/25	5218	オハラ	100	590	58,981	591	-118
2014/9/25	5218	オハラ	1,000	590	589,818	591	-1,188
2014/9/25	5218	オハラ	1,200	591	708,978	591	-222
2014/9/25	5218	オハラ	500	592	295,908	591	408
2014/9/25	5218	オハラ	200	596	119,164	591	964
2014/9/25	5218	オハラ	1,100	597	656,494	591	6,394
2014/10/8	4080	田中化学研究所	100	538	53,771	537	71
2014/10/8	4080	田中化学研究所	100	538	53,771	537	71
2014/10/8	4080	田中化学研究所	100	538	53,771	537	71
2014/10/8	4080	田中化学研究所	100	538	53,771	537	71
2014/10/8	4080	田中化学研究所	200	538	107,543	537	143
2014/10/8	4080	田中化学研究所	600	538	322,630	537	430
2014/10/8	4080	田中化学研究所	400	538	215,090	537	290
2014/10/8	4080	田中化学研究所	700	539	377,102	537	1,202
2014/10/8	4080	田中化学研究所	200	539	107,744	537	344
2014/10/22	7943	ニチハ	500	937	468,500	898	18,360
2014/10/23	4564	オンコセラピー・サイエンス	5,000	169	845,000	146	113,385
2014/10/24	5563	新日本電工	2,000	256	512,000	243	24,797
2014/10/27	5471	大同特殊鋼	2,000	412	824,000	396	30,389
2014/10/27	6417	ＳＡＮＫＹＯ	200	3,845.00	769,000	3,660.00	35,507
2014/10/27	6815	ユニデン	2,000	223	446,000	211	22,805
2014/10/28	5201	旭硝子	2,000	537.3	1,074,600	523.7	25,617
2014/10/29	5481	山陽特殊製鋼	2,000	362	724,000	340	42,263
2014/10/29	5482	愛知製鋼	2,000	385	770,000	368	31,943
2014/10/29	6460	セガサミーホールディングス	400	1,692.00	676,209	1,600.00	36,209
2014/10/29	8270	ユニーグループ・HD	2,000	567	1,134,000	541	50,485
2014/10/30	5410	合同製鐵	4,000	155	620,000	147	30,131
2014/10/30	7494	コナカ	1,000	609	609,000	573	34,156
2014/10/30	8905	イオンモール	400	1,885.00	754,000	1,772.00	43,786
2014/10/31	4208	宇部興産	5,000	171	855,000	152	93,097
2014/10/31	5301	東海カーボン	3,000	284	852,000	268	45,969
2014/10/31	6779	日本電波工業	600	868	520,800	832	20,227
2014/10/31	6779	日本電波工業	100	866	86,600	823	4,117
2014/10/31	6779	日本電波工業	200	865	173,000	823	8,026
2014/10/31	6779	日本電波工業	300	867	260,100	823	12,643
2014/10/31	8016	オンワードホールディングス	1,000	667	667,000	611	54,299
2014/10/31	8053	住友商事	1,000	1,158.00	1,157,293	1,086.00	71,293
2014/10/31	8698	マネックスG	3,000	275	824,409	254	62,409
2014/11/4	5201	旭硝子	1,000	592	591,686	570	21,686
2014/11/4	5201	旭硝子	1,000	592	591,686	570	21,686
2014/11/4	5563	新日本電工	2,000	279	557,475	264	29,475
2014/11/4	5631	日本製鋼所	2,000	402	804,000	387	28,125
2014/11/4	5631	日本製鋼所	2,000	402	804,000	376	51,179
2014/11/4	6753	シャープ	2,000	286	571,686	266	39,686
2014/11/4	6753	シャープ	2,000	286	571,686	266	39,686
2014/11/4	7731	ニコン	600	1,562.00	937,200	1,458.00	60,500
2014/11/4	7731	ニコン	400	1,562.00	624,800	1,459.00	39,930
2014/11/4	8905	イオンモール	100	2,117.00	211,524	1,910.00	20,524
2014/11/4	8905	イオンモール	200	2,118.00	423,251	1,910.00	41,251
2014/11/4	9104	商船三井	2,000	359	717,475	356	5,475
2014/11/5	4208	宇部興産	4,000	172	688,000	161	41,813

約定日	銘柄コード	銘柄名	数量[株]	売却/決済単価[円]	売却/決済額[円]	平均取得価額[円]	実現損益[円]
2014/11/5	5801	古河電工	3,000	195	585,000	185	28,383
2014/11/5	5801	古河電工	3,000	195	585,000	184	32,042
2014/11/5	6839	船井電機	700	1,220.00	853,560	1,135.00	59,060
2014/11/5	6839	船井電機	300	1,220.00	365,812	1,135.00	25,312
2014/11/6	1964	中外炉工業	1,000	219	219,000	207	11,084
2014/11/6	1964	中外炉工業	2,000	219	438,000	206	24,642
2014/11/6	6839	船井電機	400	1,224.00	489,600	1,031.00	76,312
2014/11/6	6839	船井電機	600	1,225.00	735,000	1,031.00	115,065
2014/11/6	6839	船井電機	100	1,223.00	122,300	1,025.00	19,675
2014/11/6	6839	船井電機	900	1,223.00	1,100,700	1,026.00	176,166
2014/11/6	6839	船井電機	1,000	1,222.00	1,222,000	991	229,844
2014/11/10	5301	東海カーボン	3,000	296	887,475	283	38,475
2014/11/10	5482	愛知製鋼	2,000	406	811,475	406	-525
2014/11/13	7312	タカタ	300	1,268.00	380,211	1,393.00	-37,688
2014/11/13	7312	タカタ	100	1,268.00	126,737	1,393.00	-12,562
2014/11/13	7312	タカタ	400	1,268.00	506,948	1,393.00	-50,251
2014/11/13	7312	タカタ	200	1,268.00	253,476	1,393.00	-25,127
2014/11/13	8392	大分銀行	1,000	449	448,790	449	-209
2014/11/13	8392	大分銀行	1,000	449	448,790	449	-209
2014/11/13	8392	大分銀行	1,000	449	448,792	449	-210
2014/11/14	5541	大平洋金属	2,000	351	701,668	342	17,668
2014/11/14	5541	大平洋金属	2,000	351	701,668	342	17,668
2014/11/14	5541	大平洋金属	2,000	351	701,670	342	17,670
2014/11/14	8016	オンワードホールディングス	1,000	718	718,000	697	15,406
2014/11/17	4043	トクヤマ	3,000	249	747,000	241	22,735
2014/11/20	6632	ＪＶＣケンウッド	3,000	231	692,475	225	17,475
2014/11/21	7731	ニコン	1,000	1,675.00	1,675,000	1,608.00	43,636
2014/11/25	5541	大平洋金属	2,000	370	740,000	344	50,759
2014/11/25	6727	ワコム	1,500	457	684,975	425	47,475
2014/11/25	7312	タカタ	600	1,465.00	878,751	1,393.00	42,951
2014/11/25	7312	タカタ	800	1,465.00	1,171,668	1,393.00	57,268
2014/11/25	7312	タカタ	1,000	1,465.00	1,464,587	1,393.00	71,587
2014/11/25	8152	ソマール	4,000	198	792,000	180	71,103
2014/11/26	4003	コープケミカル	5,000	111	555,000	103	38,701
2014/11/27	5204	石塚硝子	4,000	168	671,686	161	27,686
2014/11/27	5204	石塚硝子	4,000	168	671,686	161	27,686
2014/12/1	7731	ニコン	600	1,711.00	1,026,227	1,673.00	22,427
2014/12/1	7731	ニコン	500	1,711.00	855,189	1,673.00	18,689
2014/12/1	7731	ニコン	500	1,711.00	855,190	1,673.00	18,690
2014/12/2	3647	コネクトホールディングス	10,000	46	460,000	43	28,897
2014/12/2	6730	アクセル	400	1,547.00	618,800	1,480.00	25,439
2014/12/2	6730	アクセル	100	1,547.00	154,700	1,472.00	7,269
2014/12/2	6730	アクセル	400	1,547.00	618,800	1,474.00	28,266
2014/12/3	6815	ユニデン	5,000	238	1,189,372	228	49,372
2014/12/4	6368	オルガノ	1,000	487	486,751	477	9,751
2014/12/4	6368	オルガノ	1,000	487	486,751	477	9,751
2014/12/4	6368	オルガノ	2,000	487	973,504	477	19,504
2014/12/8	1322	中国A株(パンダ)	20	4,960.00	99,141	4,618.00	6,781
2014/12/8	1322	中国A株(パンダ)	80	4,960.00	396,566	4,618.00	27,126
2014/12/8	6274	新川	700	635	444,280	618	11,680
2014/12/8	6274	新川	400	635	253,874	618	6,674
2014/12/8	6274	新川	500	635	317,343	618	8,343
2014/12/8	6274	新川	400	635	253,875	618	6,675
2014/12/8	6417	ＳＡＮＫＹＯ	200	4,005.00	801,000	3,815.00	36,256
2014/12/10	6417	ＳＡＮＫＹＯ	200	4,055.00	810,475	3,893.00	31,875
2014/12/11	2315	ＳＪＩ	10,000	58	579,686	49	89,686
2014/12/11	2315	ＳＪＩ	10,000	58	579,686	49	89,686

2014/12/12	4043	トクヤマ	5,000	266	1,330,000	260	29,004
2014/12/15	6835	アライドテレシスＨＬＤＧＳ	7,000	96	671,475	89	48,475
2014/12/16	2538	ジャパン・フード&リカー	10,000	47	469,707	44	29,707
2014/12/16	6727	ワコム	1,000	455	455,000	437	17,077
2014/12/18	5204	石塚硝子	10,000	205	2,050,000	161	437,998
2014/12/19	5481	山陽特殊製鋼	2,000	382	764,000	367	28,603
2014/12/19	8905	イオンモール	300	2,019.00	605,700	1,913.00	30,587
2014/12/22	5007	コスモ石油	7,000	185	1,295,000	162	158,016
2014/12/24	2685	アダストリアＨＤ	200	2,974.00	594,800	2,730.00	47,331
2014/12/24	9101	日本郵船	1,000	351	350,737	345	5,737
2014/12/24	9101	日本郵船	1,000	351	350,738	345	5,738
2014/12/30	6815	ユニデン	1,000	230	230,000	221	8,162
2014/12/30	7312	タカタ	1,000	1,455.00	1,454,372	1,361.00	93,372

[著者]
上岡正明（かみおか・まさあき）
株式会社フロンティアコンサルティング代表取締役社長
1975年生まれ。放送作家を経て、27歳で戦略ＰＲ、ブランド構築、マーケティングのコンサルティング会社を設立し、独立。

現在まで14年間、実業家として会社を経営する。これまでに、三井物産やSONYなど200社以上の企業ブランド構築、スウェーデン大使館やドバイ政府観光局などの国際観光誘致イベントやＰＲなどを行う。

起業する一方で、同じ時期に元手200万円で株式投資をスタート。以後、リーマンショックと東日本大震災という2度の破算危機をなんとか持ちこたえ、株の保有資産1億円を達成する。現在も、会社経営の傍ら株式投資は継続中。独自に編み出した「うねりチャート底値買い投資術」で着実に利益を上げている。保有資産は、購入した不動産などを含めて1億5000万円をキープ。また、エンジェル投資家としての一面も持ち、スタートアップをはじめ、これまで500社以上の有望な会社に投資して株を保有する。

多摩大学大学院経営情報学研究科（MBAコース）在籍中。

学校法人バンタンＪカレッジ客員講師、日本マーケティング学会会員、日本神経心理学会会員、一般社団法人日本行動分析学会会員。

［HP］http://frontier-pr.jp/

うねりチャート底値買い投資術
——100万円から始めて1億円を稼ぐ！

2016年12月15日　第１刷発行

著　者——上岡正明
発行所——ダイヤモンド社
〒150-8409　東京都渋谷区神宮前6-12-17
http://www.diamond.co.jp/
電話／03･5778･7234（編集）　03･5778･7240（販売）
装丁デザイン—萩原弦一郎（ISSHIKI）
本文デザイン—二ノ宮匡（ニクスインク）
本文イラスト—坂木浩子（ぽるか）
校正————鷗来堂
製作進行——ダイヤモンド・グラフィック社
印刷————勇進印刷（本文）・共栄メディア（カバー）
製本————ブックアート
編集担当——高野倉俊勝

ISBN 978-4-478-10098-1